DIE SCHÖNSTEN FINGERSPIELE

Praxisreihe Kindergarten

Inhaltsverzeichnis

DIE SCHÖNSTEN FINGERSPIELE

Was ist ein Fingerspiel?

Ein Fingerspiel (oder auch Fingertheater oder Handspiel) ist eine Form des Erzählens und Nachempfindens einer kurzen Handlung mithilfe der Finger, die dazu in die Rollen von Personen oder Tieren schlüpfen. Dabei wird das Erzählen mit den Händen von meist gereimter Sprache begleitet. Typisch für traditionelle Fingerspiele sind in allen Kulturen und Sprachen die Rollen, die den einzelnen Fingern zukommen: Der kleine Finger als Schelm ist meist Träger einer Schlusspointe.

Fingerspiele sind wahrscheinlich die am meisten unterschätzten pädagogischen Spiel- und Förderformen und damit kein altmodisches Volksgut ohne Sinn und Nutzen, sondern ein moderner und sinnvoller Bestandteil des Kita-Alltags.

Das Fingerspiel als Zuwendungsspiel

Die Eingewöhnungsphase in der Krabbelgruppe ist ein gutes Beispiel für das Bewähren von Fingerspielen. Gerade jüngere Kinder, die noch nicht sehr lange die Kita besuchen, profitieren von einem Einzelkontakt, bei dem sich die Bezugsperson (hier die Erzieherin) intensiv auf das einzelne Kind einlässt. Der Körperkontakt, die Nähe und die freundliche Sprechweise vermitteln dem Kind Geborgenheit und Sicherheit. Das

Wiederholen des Fingerspiels kann durch seine Berechenbarkeit ebenfalls für das Entwickeln von Sicherheit in der Welt sorgen. Durch den Spannungsbogen und die Pointe am Schluss des Fingerspiels konzentriert das Kind seine Aufmerksamkeit auf den eigenen Körper und die Spielhandlung. Das Erfahren von Zuwendung und ungeteilter Aufmerksamkeit trägt zum Beziehungsaufbau zwischen Fachkraft und Kind bei und stärkt die Bindung. Neurobiologen haben festgestellt, dass es einen engen Zusammenhang zwischen Vertrauen, Freude und Motivation gibt. Genauer: Durch das Beziehungs- und Bindungsangebot des Erwachsenen baut sich beim Kind Vertrauen auf. Gleichzeitig erlebt das Kind Selbstwirksamkeit und Freude, wenn es dazu in der Lage ist, die (einfachen) Bewegungen beim Fingerspiel nachzustellen und selbst weiterzuführen oder vorherzuahnen. Die Erfahrungen von Selbstwirksamkeit und Vertrauen sind grundlegend für den Aufbau von Selbstwertgefühl und Motivation, für die Entwicklung eines Grundoptimismus', von Selbstannahme und schließlich Empathie.

Das Fingerspiel als Funktionsspiel

Als Funktionsspiel ist das Fingerspiel Motor und Werkzeug, um Körpergefühl und Körperwahrnehmung zu trainieren und zu sensibilisieren. Jüngere Kinder erkennen, dass ihre Finger zu ihnen gehören, sich bewegen lassen und feinfühlig sind. Die rhythmische (gereimte) Sprache im Fingerspiel kann mit dem gesamten Körper nachempfunden werden. Die besondere Sprache im Fingerspiel erleichtert das Hin- und Zuhören und damit die Konzentrations- und Aufmerksamkeitsleistung des Kindes. Die Erfahrung, dass zwei Begriffe sich fast gleich anhören (sich nur durch einen einzigen Laut unterscheiden) und doch zwei völlig unterschiedliche Dinge bezeichnen, ist ein komplexer Sachverhalt, der die auditive Wahrnehmung fördert, insbesondere die auditive Differenzierung. Fingerspiele sind damit das Mittel der Wahl bei der Sprachförderung.

Das Fingerspiel als Fantasiespiel

Das Fingerspiel ist Geschichte, Gedicht und Rollenspiel in einem. Viele Fingerspiele beinhalten eine bestimmte Erzählhandlung, die häufig in einer Pointe oder einem spannenden Höhepunkt endet. So kurz ein solches Fingerspiel auch ist, es ist immer auch eine erste erlebte Geschichte, ein Abenteuer, das die Kinder selbst nacherleben und nacherzählen. Auf diese Weise fördern gerade Fingerspiele, die eine Handlung haben, Empathie, Fantasie und Vorstellungsvermögen. Durch ihre Kürze sind

Sonderfall: Fingerspiele als Mathetraining

Wer mit einer Hand an den Fingern abzählt, nutzt dazu meist nur eine Gehirnhälfte. Beim Zählen über 6 – wenn die andere Hand dazukommt – lässt sich in beiden Gehirnhälften Aktivität feststellen. Noch bevor Kinder in Zahlen denken, verwenden sie ihren Körper, um Mengen darzustellen. Finger – und auch Fingerspiele – sind beim sogenannten Embodiment (der Verkörperung von Denkprozessen) von großer Bedeutung. Schon am Zählen mit den Fingern lässt sich neurowissenschaftlich eine Beziehung zwischen (Finger-)Motorik und Zahlenverständnis nachweisen. Genauer gesagt: Ein Kind, das eine große Fingergeschicklichkeit entwickelt hat, hat wahrscheinlich ein besseres Zahlen- und Mengenverständnis. Ein Training der Fingergnosie (Fähigkeit des Handhabens der eigenen Finger) verbessert nachweislich mathematische Fähigkeiten. Zu dieser Erkenntnis kamen gleich mehrere Studien mit Erstklässlern. Fingermotorik hat Einfluss auf die Verarbeitung von Zahlen. Fingerspiele werden hier explizit empfohlen, um Fingergnosie zu trainieren.

Fingerspiele besser als Geschichten dazu geeignet, gerade jüngere Kinder aufmerksam bei der Erzählhandlung zu halten.

Fingerspiele für verschiedene Altersgruppen
Kitzelverse, Wickelreime, Kosespiele und Kniereiter: Die Variationsbreite von Fingerspielen für Kinder unter 3 ist groß. Im Alter bis 2 Jahren kann beim Fingerspiel das Erkunden und Erkennen des eigenen Körpers im Mittelpunkt stehen.

Die eigenen Finger wahrzunehmen, aber auch die Hände und die Füße und teilweise den gesamten Körper mit ins Spiel einfließen zu lassen, hat hier eine besondere Bedeutung. Dabei kommt es nicht so sehr auf den Inhalt des Fingerspiels an als vielmehr darauf, mit den eigenen Händen zu spielen.

Den Spannungsbogen, den Fingerspiele traditionellerweise bieten, die sich im letzten Vers mit Einbeziehung des kleinen Fingers äußert, können Kinder ab einem Jahr schon vorherahnen und herbeifreuen. Ältere Kita-Kinder ab etwa 2 bis 3 Jahren erkennen im Fingerspiel zunehmend eine Spielhandlung, die sie mit den Händen nacherzählen.

Die kurze Geschichte oder Erzählhandlung, die sich in vielen Fingerspielen findet, ist eine erste Form des Erzählens von komplexen Handlungen. Auch das Kennenlernen und genaue Benennen der einzelnen Finger (Zeigefinger, Mittelfinger usw.) kann für ältere Kinder interessant sein. Komplexere, längere und sehr stark erzählende Fingerspiele bieten sich damit für die ältesten Kita-Kinder an.

Quellen:

Sprechende-haende.de/cms/upload/pdf/Fahne-Mathe-Finger.pdf

www.beck-shop.de/fachbuch/zusatzinfos/978-3-7892-3001-1_Leseprobe_Fingerspiel.pdf

Tipps für die Durchführung von Fingerspielen:

- **Die Dauer:** Fingerspiele sollten nicht zu lang sein und nicht zu lange dauern: Auf diese Weise fällt den Kindern (und Ihnen) das Erlernen leichter. Auch die Aufmerksamkeitsspanne von Kita-Kindern sollte berücksichtigt werden: Gerade jüngere Kinder freuen sich über eine schnelle Pointe im Fingerspiel. Sprechreime sollten für Kinder gut zu bewältigen sein.

- **Das Wiederholen:** Kinder lernen nicht nur durch Wiederholungen, sondern sie haben auch Freude daran und erfahren Sicherheit durch vorauszuahnende Inhalte. Bauen Sie darum regelmäßig Fingerspiele in den Tagesablauf mit ein und wiederholen Sie diese häufig.

- **Einzelkontakt und Morgenkreis:** Die meisten Fingerspiele eignen sich für beides. Bei der Einzelkontaktsituation können Sie darauf achten, dass Sie sich für ein einzelnes Kind wirklich Zeit nehmen, nicht unterbrechen und Ihre Aufmerksamkeit für diese Zeitspanne ausschließlich auf das Kind konzentrieren.

- **Eltern mit einbeziehen:** Auch zu Hause machen in der Kita kennengelernte Fingerspiele Spaß – und die Eltern neugierig. Häufig gefällt es den Kindern, wenn sie ihren Eltern etwas zeigen können, das diese noch nicht kennen.

- **Partizipation im Morgenkreis:** Vielleicht dürfen sich die Kinder (oder ein Kind) im Morgenkreis ein bestimmtes Fingerspiel wünschen? Vielleicht darf jedes Kind an einem anderen Tag bestimmen? Oder Sie stimmen demokratisch ab?

TRADITIONELLE FINGERSPIELE

Fingerspiele gibt es in vielen Sprachen und Kulturen. Schon lange begleiten Fingerspiele Kinder beim Wachsen, Lernen und beim Erschließen der Welt. Sie gehören zum Kulturgut jeder Sprache und jedes Landes. Auch wenn die bekannten und älteren Fingerspiele heute oft nicht mehr ganz zeitgemäß erscheinen: Kinder können hierbei ihren Wortschatz erweitern und bewahren ein Stückchen des alten Wissens aus Urgroßmutters Zeiten.

Traditionelle Fingerspiele im Frühling

Im Frühling erleben die Kinder mit, dass sich die Welt wieder grün (und bunt) färbt. Knospen brechen auf und die ersten Blumen blühen. Einer der ersten Frühlingsboten ist das Schneeglöckchen, das sicher auch in der Nähe Ihrer Kita wächst. Kein Schneeglöckchen in Sicht? Ersetzen Sie es im Fingerspiel durch eine andere früh blühende Pflanze, die die Kinder beim Wachsen beobachten können, beispielsweise einen Krokus. Auch Vogelkinder können die Kinder mit etwas Glück zu Gesicht bekommen. Oder vielleicht finden Sie bei einem Spaziergang ein Vogelnest? Vogelnester können die Kinder auch selbst herstellen, indem sie Gräser, Bast, Zweige usw. zu einer Schale biegen und ausformen – eine schöne Oster- und Frühlingsdekoration.

Das Schneeglöckchen

Tief in der Erde von Schnee bedeckt
hat sich das Schneeglöckchen versteckt.

Scheint die liebe Sonne und regnet es sacht,
da hat sich das Schneeglöckchen gedacht:

„Da oben auf der Erde im Sonnenschein,
da möchte ich gerne Blümelein sein.“

Es reckt sich und streckt sich und guckt aus dem Beet,
seht nur, wie fest auf den Beinen es steht!

Hört ihr es läuten, ganz leise und fein?
Schneeglöckchen läutet den Frühling ein.

Die linke Hand waagerecht halten. Der rechte Zeigefinger schiebt sich als Schneeglöckchen ein Stückchen durch die Finger der linken Hand und wackelt. Mit der linken Hand dann Regen darstellen (mit gespreizten Fingern wackeln). Dann die rechte Hand zur Knospe formen (alle Finger aneinanderhalten) und hochhalten. Hand am Arm abknicken und mit der Hand wie mit einem Glöckchen „läuten“, d. h. hin und her schwingen.

Schaut ein Knöspchen ...

Schaut ein Knöspchen aus der Erde,
ob es nicht bald Frühling werde.

Wächst und wächst ein ganzes Stück.
Sonne warm vom Himmel scheint.

Regen überm Knöspchen weint.
Knöspchen wird bald grün und dick.

Seine Blätter öffnet's dann,
fröhlich fängt's zu blühen an.
Frühling wird es, welch ein Glück!

Eine Hand zur Knospe formen: Alle Finger an den Fingerspitzen zusammenführen und nach oben halten. Hand hin und her drehen. Hand höher schieben. Mit der anderen Hand Regen darstellen. In der letzten Strophe Finger öffnen (Erblühen) und mit der Hand auf und ab tanzen.

In der Hecke auf dem Ästchen

In der Hecke auf dem Ästchen
baut ein Vogel sich ein Nestchen.
Legt hinein zwei Eierlein,
brütet aus zwei Vögelein.
Die Kinder rufen „Piep, piep, piep!",
es ist schön, dass es euch gibt.

Mit den Händen ein Nestchen formen, mit den Händen flattern. Eine Schale formen und mit den Daumen die Vögel darstellen. Mit den Armen flattern und pantomimisch Freude darstellen.

Steigt ein Bübchen ...

Steigt ein Bübchen auf den Baum,
oh so hoch, man sieht es kaum.
Hüpft von Ästchen zu Ästchen
bis zum Vogelnestchen.
Ei, da lacht es,
huch, da kracht es,
plumps, da liegt es unten.

Die linke Hand mit gespreizten Fingern als Baum hochstrecken. Mittel- und Zeigefinger der rechten Hand springen von Finger zu Finger und fangen dabei beim kleinen Finger an. In der Senke zwischen Zeigefinger und Daumen rutschen die Finger aus. In beide Hände klatschen (plumps) und Hände herabfallen lassen.

NOCH MEHR IDEEN

Eine Blüte entsteht: Mit einem Tüll-Badeschwamm (aus dem Drogeriemarkt) können die Kinder das Aufblühen einer Frühlingsblume darstellen. Den Schwamm so in beide Hände knüllen, dass kaum etwas davon zu sehen ist. Die Hände dann immer weiter öffnen, bis zum Schluss der ganze Schwamm (als Blüte) herausquillt.

Ein Schneeglöckchenpuzzle: Ein Schneeglöckchen mit seinen wichtigen Teilen (Wurzelfäden, Zwiebel, Stängel, Blätter, Blüte) auf stabiles Papier oder Karton malen, kolorieren, laminieren, die einzelnen Teile ausschneiden und als Puzzle wieder zusammensetzen.

Bekannte Fingerspiele zur Sommer- und Erntezeit

Manchmal dauert es etwas, bis sich der Sommer endlich einstellt. Vielleicht hilft es, wenn die Kinder ihn mit einem Sonnenreim anlocken? Haben Sie die Möglichkeit, Obstbäume oder eine Streuobstwiese zu besuchen? Dann können die Kinder selbst Früchte ernten – und ihren Erfolg im Fingerspiel nacherleben. Oder Sie besuchen gemeinsam den Markt, um heimisches Obst einzukaufen, und spielen den Markteinkauf mit dem Fingerspiel vom Taler nach.

Der Apfel

Fünf Finger stehen hier und fragen:
„Wer kann denn diesen Apfel tragen?"
Der erste Finger kann es nicht,
der zweite sagt: „Zu viel Gewicht!"
Der dritte kann ihn auch nicht heben,
der vierte schafft das nie im Leben.
Der fünfte aber spricht:
„Ganz allein? So geht das nicht!"
Gemeinsam heben kurz darauf
fünf Finger diesen Apfel auf.

Die Hand mit den ausgestreckten Fingern hochhalten. Mit jedem Finger der Reihe nach wackeln. Zum Schluss allen fünf Fingern einen Apfel zum Tragen geben (den Apfel in die Hand des Kindes legen). Der Apfel darf danach möglicherweise genascht werden.

Apfelbäumchen

Das ist ein Apfelbäumchen,
das ist ein Pflaumenbaum.
Sie hängen voller Früchte,
man sieht die Blätter kaum.
Da kommt ein Wind geblasen.

Huhu, er zaust und wuschelt sie sehr,
das ist nicht zum Spaßen, er weht immer mehr.

Huhu, jetzt wird's immer wilder und bunter
und holterdipolter ganz schnell und geschwind
plumpst alles, alles herunter –
schönen Dank, lieber Pustewind!

Die Ellenbogen aufstützen, die Hände sind die Kronen der beiden Bäume. Die Finger wackeln und biegen sich. Durch die Finger hindurchpusten, immer mehr mit den Fingern wackeln. Zum Schluss die Hände auf den Tisch fallen lassen.

Liebe Sonne

Liebe Sonne, komm gekrochen,
mich friert's an den Knochen.
Liebe Sonne, komm gerannt,
wärme mich an Fuß und Hand!

Die Hand mit gespreizten Fingern hochhalten, mit der Hand dann herumkrabbeln. Frieren pantomimisch darstellen (beispielsweise die Arme reiben und „Brrrr!“ rufen). Mit zwei Fingern „rennen“, Hand und Fuß hochhalten.

Guten Morgen, liebe Sonne!

Fünf Fingerlein, die schlafen fest,
wie Vöglein klein in ihrem Nest.
Da kommt die liebe Sonne vom Himmel herab,
davon ist der Daumen zuerst aufgewacht.

Der reckt sich und streckt sich und ruft dann erfreut:
„Guten Morgen, liebe Sonne, schön ist es heut!“
Er klopft dem zweiten auf die Schulter ganz sacht,
da ist auch der zweite schon aufgewacht.

Er reckt sich und streckt sich und ruft dann erfreut:
„Guten Morgen, liebe Sonne, schön ist es heut!“
Da haben die beiden gescherzt und gelacht,
davon sind die drei anderen auch aufgewacht.

Die recken und strecken sich und rufen erfreut:
„Guten Morgen, liebe Sonne, schön ist es heut!“
Die Finger der einen Hand zu einer Faust ballen, die andere Hand stellt die Sonne dar und kitzelt mit gespreizten Fingern an der Faust. Den Daumen aus der Faust strecken und damit

wackeln. Der Daumen klopft an die Faust, den Zeigefinger ebenfalls herausstrecken. Daumen und Zeigefinger strecken sich und wackeln. Zum Schluss alle Finger ausstrecken und damit wackeln.

Hast 'n Taler

Hier hast 'n Taler,
gehst auf den Markt,
kaufst dir 'ne Kuh,
ein Kälbchen dazu,
Kälbchen hat 'n Schwänzchen,
didel, didel, Dänzchen.

Das Kind hält seine flache Hand auf und wird einmal auf der Handfläche gestreichelt. Hand zur Faust zusammendrücken, auf und ab bewegen. Hand wieder öffnen und auf der Handfläche kitzeln.

Das ist der Daumen, der schüttelt die Pflaumen

Das ist der Daumen,
der schüttelt die Pflaumen,
der hebt sie auf,
der bringt sie nach Haus
und dieser Klitzekleine
isst sie alle, alle auf.

Nacheinander alle Finger des Kindes antippen, zum Schluss am kleinen Finger wackeln.

Lustige Fingerspiele für den Herbst

Im Herbst regnet es Blätter und interessante Spielmaterialien wie Eicheln und Kastanien von den Bäumen. Und in der Halloweenzeit ziehen bestimmt auch bei Ihnen Gespenster ein. Wind und Sturm, Blätterabfall und Gespenstertreiben empfinden die folgenden bekannten Fingerspiele nach.

Fünf Gespenster

Fünf Gespenster hocken vor dem Fenster.
Das erste schreit: „Haaaa!“
Das zweite schreit: „Hoooo!“
Das dritte schreit: „Hiiiii!“
Das vierte schreit: „Huuuu!“
Das fünfte schwebt zu dir herein
und flüstert: „Wollen wir Freunde sein?“

Die Finger einer Hand tanzen als Gespenster. Den Daumen hochhalten und laut „Haaaa!“ rufen, dann den Zeigefinger hochhalten und laut „Hoooo!“ rufen, darauf den Mittelfinger mit „Hiiii!“ und den Ringfinger mit „Huuuu!“ hochhalten und dazu immer laut rufen. Zum Schluss den kleinen Finger hochhalten und ganz leise die letzte Zeile ins Ohr flüstern.

Geisterstunde

Fünf Gespenster, fünf Gespenster
hocken heut vor meinem Fenster.
Das erste klopft ganz kräftig an:
„Ob ich heut bei dir spuken kann?“
Das zweite ruft dir zu: „Huhuuuu!
Ihr kriegt heut Nacht gar keine Ruh’!“
Das dritte will den Tanz beginnen
hoch auf den steilen Mauerzinnen.
Das vierte ruft: „Ich weck die Eulen,
die sollen heute mit uns heulen!“
Das fünfte, das kleinste, schaut auf die Uhr:
„Zu Ende ist die Gespenstertour!
Wir flattern aus dem Fenster raus,
die Geisterstunde ist jetzt … aus!“

Die fünf Finger einer Hand abspreizen und einen Gespenstertanz damit aufführen, dann anklopfen, mit dem Finger pantomimisch „Nein!“ zeigen (mit dem Zeigefinger wackeln zu „Ihr kriegt heut Nacht gar keine Ruh’!“), auf die Uhr schauen und mit den Händen flattern.

Extratipp: Mit weißen Papiertaschentüchern als Gespenster können die Kinder zum Gedicht einen Finger-Papiertücher-Gespenstertanz aufführen.

Wenn's regnet

Der erste Finger sagt: „Wenn's regnet, geh ich nicht raus."
Der zweite Finger sagt: „Wenn's regnet, da bleib ich zu Haus."
Der dritte sagt: „Wenn's regnet, dann macht's keinen Spaß."
Der vierte: „Wenn's regnet, werd ich ja nass!"
Nur der Kleine, der kann nicht warten
und geht mit dem Schirm hinaus in den Garten.

Nacheinander alle Finger des Kindes antippen, zum Schluss mit dem kleinen Finger wackeln.

Bunte Blätter

Bunte Blätter fall'n vom Baum,
schweben sacht, man hört es kaum.
Plötzlich trägt der Wind sie fort,
wirbelt sie von Ort zu Ort.
Wie sie flattern, wie sie fliegen,
sinken – und am Boden liegen.

Die Finger als Blätter von oben nach unten bewegen. Mit dem Mund dazu pusten. Zum Schluss die Hände nach unten fallen lassen.

Die Raupe im Apfel

Aus einem Apfel, oh wie nett,
schaut eine Raupe, dick und fett.
Sie frisst ein Blatt und noch ein Blatt,
bis sie sich satt gefressen hat.
Und ist der Sommer dann vorbei,
schläft sie bis zum nächsten Mai.
Schsch... schsch... schsch...,
ganz langsam kriecht sie nun heraus
aus ihrem Raupenpuppenhaus.
„Schaut mal", ruft sie, „wie ich da drin
zum Schmetterling geworden bin!"
Sie breitet ihre Flügel aus
und flattert in die Welt hinaus.

Eine Hand zur Faust ballen, den Zeigefinger der anderen Hand aus der Faust herausgucken lassen. Faust öffnen, der Zeigefinger futtert einen Finger nach dem anderen auf der Handfläche weg (die Finger umklappen), bis alle Finger wieder in der Faust sind. Den Zeigefinger hineinstecken und Schnarchgeräusche machen. Faust wieder öffnen. Die Hände mit dem Handrücken nach oben an den Daumen zusammenlegen und Flatterbewegungen machen.

Eiskalte Fingerspiele für den Winter …

Der Winter ist auch bei Ihnen angekommen? Dann machen Fingerspiele Freude, die das Fallen und Rieseln der Schneeflocken nachstellen – und natürlich das, was alle im Winter tun: frieren.

Fünf Schneeflocken

Fünf Schneeflocken fallen aus einer Wolke:

Die erste macht sich einen Spaß,
setzt sich gleich auf deine Nas'.

Die zweite setzt sich auf dein Ohr,
kommt sich ziemlich listig vor.

Die dritte klettert hoch hinauf,
hockt sich auf dein Köpfchen drauf.

Die vierte landet auf deiner Wange,
doch bleibt sie dort nicht wirklich lange.

Die fünfte setzt sich auf deinen Mund
und glaubt, der Schnee, der wär gesund.

Mit den Fingern das Schneien nachstellen. Den Daumen auf die Nase tippen, dann mit dem Zeigefinger am Ohr kitzeln, mit dem Mittelfinger sacht auf den Kopf klopfen, mit dem Ringfinger über die Wange streicheln, den kleinen Finger auf den Mund legen.

Fünf Freunde

Fünf Freunde sitzen dicht an dicht,
sie wärmen sich, sie frieren nicht.

Der erste sagt: „Ich muss jetzt geh'n."
Der zweite sagt: „Auf Wiederseh'n!"
Der dritte, der verlässt das Haus.
Der vierte geht zur Tür hinaus.
Der fünfte ruft: „Hey, ihr! Ich frier'!"
Da wärmen ihn die anderen vier.

Eine Hand zur Faust schließen, nacheinander kleinen Finger, Ringfinger usw. ausstrecken. Zum Schluss eine Faust um den Daumen herum bilden.

… und viele Gelegenheiten

Geburtstagsfingerspiele eignen sich, um ein Geburtstagskind besonders zu würdigen und in den Blickpunkt zu nehmen.

Zum Geburtstag

Alle meine Fingerlein
wollen Gratulanten sein.

Das erste backt 'nen Kuchen,
es will ihn gleich versuchen.

Das zweite zündet Kerzen an,
damit man richtig feiern kann.

Das dritte malt dir einen Stern,
es hat dich ganz besonders gern.

Das vierte bringt ein Päckchen klein,
was wird denn wohl da drinnen sein?

Der fünfte Finger singt ein Lied,
da singen alle Kinder mit.

Mit allen Fingern wackeln. Zeigefinger ausstrecken, Mittelfinger als zweiten Finger dazunehmen, dann den Ringfinger, dann den kleinen Finger. Hand zur Faust formen, eine kleine Überraschung hineinlegen und dem Kind hinhalten. Die Faust öffnen. Im Anschluss ein Geburtstagslied singen.

Fünf Gratulanten

Fünf Finger woll'n dir gratulieren,
Geburtstagskuchen auch probieren.

Eins, zwei, drei, vier, alles Gute,
rufen vier mit gutem Mute.

Doch der fünfte Finger ganz allein,
isst den ganzen Kuchen fein.

Die Hand mit allen fünf Fingern hochhalten. Bei „Eins, zwei, drei, vier" mit dem Zeigefinger der einen Hand die Finger der anderen Hand abzählen. Dabei beim Daumen beginnen und den kleinen Finger aussparen. Mit dem kleinen Finger wackeln und dabei laut „Hmmm, lecker!" rufen.

NEUE FINGERSPIELE

Fingerspiele kann es niemals genug geben. Wenn auch Sie und die Kinder in Ihrer Kita oder Ihrer Gruppe hungrig auf neue und frische Finger- und Handspiele sind, dann werden Sie auf den nächsten Seiten fündig. Die Interessen von Kindern im Alter von 2 bis 6 Jahren stehen bei diesen konzipierten Fingerspielen im Fokus. Winzige Tiere aller Art gehen in den Minigeschichten auf den nächsten Seiten auf Abenteuerjagd. Aber auch jahreszeitenspezifische Fingerspiele finden Sie hier.

Fingerspiele aus der Welt der kleinen Tiere

Schnecken, Marienkäfer und Räupchen finden die Kinder sicherlich auch in Ihrem Kita-Garten. Eine Wunderwelt kleiner Tiere tummelt sich nämlich fast in jeder Wiese und auf jedem Wald- oder Gartenboden. Dann bieten sich diese Fingerspiele an, um das Erlebte aufzugreifen. Und einen kleinen Tipp für eine Schneckenbeobachtung bekommen Sie ebenfalls.

Die Schnecke und der Wichtel

Guck, was kommt da aus dem Haus?
Die Schnecke streckt ihr Köpfchen raus.

Guckt sich um, dann kriecht sie los,
über Gräser, über Moos.

Ein kleiner Wicht kommt angelaufen,
will mit der kleinen Schnecke raufen.

Die Schneck' zieht – schwupps! – ihr Köpfchen ein,
mit Wichteln raufen? Danke, nein!

Der Wicht klopft an: „Du liebe Schneck',
bitte verzeih mir diesen Schreck!"

Na gut, die Schneck' kommt wieder raus,
der Wichtel steigt aufs Schneckenhaus.

So kriechen sie davon ganz munter.
Und der Wichtel? Der plumpst runter!

Die Hand zur Faust formen (Daumen innenliegend). Der Daumen guckt als Schneckenköpfchen heraus. Mit der „Schnecke" umherkriechen. Mit der anderen Hand auf zwei Fingern den Wichtel laufen lassen. Den Daumen wieder in der Faust verstecken. Mit dem Zeigefinger der Wichtelhand an die Faust klopfen. Mit den Wichtelfingern auf das Schneckenhaus (die Faust) steigen. Am Ende fallen beide Hände herunter. Dazu laut „Plumps!" rufen.

Fünf Raupen

Fünf Raupen fängt ein Vogel sich,
setzt sich dann erfreut zu Tisch.

Erst eine, dann zwei, dann drei, dann vier …
Ist die fünfte Raup' nicht hier?

Noch einmal zählt er: eins, zwei, drei,
die vierte Raupe? Nicht dabei?

Der Vogel guckt noch einmal hin:
Zwei Raupen nur, und dazu dünn!

Der Vogel schüttelt seinen Kopf,
ein Räupchen nur für seinen Topf!

Schau, jetzt sind alle Raupen weg,
kriechen schnell in ihr Versteck.

Mit der einen Hand die andere fangen. Daumen einknicken, die anderen Finger zählen: eins, zwei, drei, vier. Noch einmal zählen und dabei zusätzlich den kleinen Finger einknicken: eins, zwei, drei. Noch einmal zählen und den Ringfinger einknicken: eins, zwei. Zum Schluss bleibt nur noch der Zeigefinger übrig. Dann auch den Zeigefinger einknicken und die Faust unter dem gegenüberliegenden Arm verstecken.

Schnecken verstecken

Im Garten kriechen Käfer, Schnecken,
laufen, wollen sich verstecken.

Denn jetzt geht schon die Sonne auf,
scheint und wärmt die Erde auf.

Unter Blättern kauern Schnecken,
hinter dunklen, kleinen Ecken.

Und wenn es regnet, ach, wie schön,
kannst du die Schnecken wieder seh'n.

Mit einer Hand als Schnecke über den Tisch oder den Oberschenkel kriechen. Die andere Hand stellt die Sonne dar. Die Hand dazu öffnen und schließen und das Scheinen darstellen. Die Schneckenhand unter der anderen Hand verstecken. Zum Schluss kommt die Schnecke wieder hervor.

NOCH MEHR IDEEN

Schnecken belauschen: Wenn Sie die Möglichkeit haben, mit den Kindern eine echte Weinbergschnecke von Nahem zu beobachten, dann legen Sie dem gemütlichen Kriecher doch einmal ein Salatblatt hin. Mit etwas Glück beginnt die Schnecke zu fressen: Und das können Sie hören! Wenn die Kinder ganz leise sind, dann ist das Geräusch, mit dem die Schnecke mit ihrer Raspelzunge (Schneckenzungen haben viele kleine Zähnchen) am Blatt nagt, gut zu hören.

Noch mehr Krabbeltierchen

Kleine Krabbeltiere wie Raupen, Spinnen und Flöhe spielen auf diesen beiden Seiten die Hauptrollen. Mit ihren vielen kleinen Beinchen eignen sie sich gut, um sich durch Finger nachspielen zu lassen. Wissen die Kinder eigentlich, wie viele Beine Spinne, Käfer, Raupe und Floh haben? Einen kleinen Hinweis finden Sie im Kasten.

Die Spinne Humpelbein

Schau, die Spinne Humpelbein,
der geht es heute gar nicht fein.

Mühsam läuft sie auf acht Beinen,
keucht dabei, die arme Kleine.

Schwupps! Sie stolpert und fällt um, kawumm!
Die Spinne? Die liegt nur noch rum!

Kitzel sie am Bauch ganz sacht,
damit die Spinne wieder lacht!
Spinnenhilfe, gut gemacht!

Mit allen Fingern einer Hand über den Tisch oder den Oberschenkel krabbeln. Die Hand auf den Handrücken drehen und mit den Fingern (Spinnenbeinen) strampeln. Mit zwei Fingern der anderen Hand in der Handfläche der Spinnenhand kitzeln. Hand wieder umdrehen und damit davonkrabbeln.

Spinnenrangelei

„Glaubst du nicht", fragt eine Spinne,
„dass ich jeden Kampf gewinne?"

Die and're Spinne klatscht und lacht:
„Da hast du's dir sehr leicht gemacht!"

Die Spinnen raufen mit acht Beinen,
verknoten sich und weinen.

Da kommt ein Windchen, pustet drauf,
der Spinnenknoten, der geht … auf!
Hurra!

Mit einer Hand krabbeln, die andere Hand krabbelt dazu. Die andere Hand klatscht mit den Fingern auf den Tisch oder Oberschenkel. Die Finger beider Hände verhaken oder verschränken sich. Auf die Finger pusten und Hände lösen.

Die kleine Raupe

Die kleine Raupe wandert geschwind,
hinter ihr bläst sanft der Wind.

Schneller wandert die kleine Raupe dann,
der Wind wird stärker, pustet sie an.

Ganz schnell rast die kleine Raupe umher,
der Wind wird zum Sturm, bläst wütend und schwer.

Die kleine Raupe versteckt sich und schnauft,
so wie ihr schnauft, wenn ihr sehr schnell lauft.

Dann schlummert sie ein, kommt endlich zur Ruh',
die Raupenaugen fallen ihr zu.
Schnarrrch!

Mit Daumen und Zeigefinger langsam über den Tisch oder den Oberschenkel kriechen, dazu sanft pusten. Schneller kriechen und stärker pusten, dann ganz schnell kriechen und ganz feste pusten. Mit den Raupenfingern unter die andere Hand kriechen, Schnarchgeräusche machen.

Flohzirkus

Guck, wie alle Flöhe toben,
springen runter und nach oben.

Ein Riese kommt mit lautem Schritt,
macht auf die Flöhe einen Tritt.

Oh weh, die Flöhe liegen stumm
auf dem Boden rundherum.

Da regt sich was: Der kleinste Floh
weckt die and'ren frisch und froh.

Und dann beginnt das Flöhetoben,
runter, rauf, nach unten, oben.

Eine Hand auf den Tisch oder Oberschenkel legen und die Finger auf und ab bewegen. Mit der anderen Hand sanft draufklatschen. Die Finger bewegen sich nicht mehr. Der kleine Finger fängt an zu wackeln, dann bewegen sich wieder alle Finger auf und ab.

Beinchenzähler
Die Kinder haben ein Tierchen gefunden? Zählen Sie die Beine und Sie können es ungefähr einordnen und benennen.

Spinnen und Spinnentiere	8 Beine
Käfer	6 Beine
Raupen	meist 8 Paar (also 16 unterschiedliche) Beine
Asseln	14 Beine
Flöhe	6 Beine

Fingerspiele für die Oster- und Frühlingszeit

Für die Osterfingerspiele auf dieser Seite benötigen Sie ein bemaltes oder buntes Osterei (zum Aufessen oder als Dekoration), das die Kinder vielleicht am Ende als Überraschung und Pointe bekommen. Falls Sie die Fingerspiele im Morgenkreis durchführen, dürfen sich die Kinder vielleicht ein Ei aus einem Körbchen aussuchen?

Der kleine Hase Wackelohr

Der kleine Hase Wackelohr
schaut hinter einem Baum hervor.

Mit den Ohren wackelt er,
das macht ihm Spaß, das freut ihn sehr.

Oje, da regnet's, tropf, tropf, tropf,
dem Osterhasen auf den Kopf.

Die Regenwolke pust' ich weg,
Häschen, komm aus dein'm Versteck!

Eine Hand zum Hasen formen (Zeige- und Mittelfinger ausstrecken, die anderen Finger zusammenfalten). Mit den beiden ausgestreckten Fingern wackeln. Die andere Hand stellt den Regen dar: Mit gespreizten Fingern auf die Hasenhand „tröpfeln". Pusten und mit der Hasenhand weghüpfen.

Unterm Baum

Unterm Baum im grünen Gras
sitzt ein kleiner Osterhas'.

Putzt den Bart und spitzt das Ohr,
macht ein Männchen, guckt hervor.

Springt dann fort mit einem Satz –
und ein kleiner, frecher Spatz
schaut jetzt nach, was denn dort sei.

Und was ist's? Ein Osterei!

Eine Hand als Gras mit gespreizten Fingern aufstellen. Dahinter die andere Hand als Hasen formen, indem Zeige- und Mittelfinger als Ohren hochgestreckt werden. In der zweiten Strophe guckt die Hasenhand hinter dem Gras hervor und springt in der dritten Strophe weg.

Schau nur!

Schau nur: Schmetterlinge fliegen,
schau nur, wie sich Blüten wiegen.

Schau nur: Blumen öffnen sich,
Frühling ist es sicherlich!

Beide Hände an den Daumen zusammenlegen und Flatterbewegungen machen. Beide Hände als Blüten hin und her bewegen. Hände zu Knospen formen und dann öffnen. Zum Schluss jubeln.

Im Frühling

Im Frühling blühen Blumen, Bäume,
schöne bunte Blütenträume.

Und die Sonne lacht herab
auf die ganze Blütenpracht.

Scheine, scheine, liebe Sonne,
schenkt uns Wärme, Freude, Wonne.

Einen Arm als Baum oder Blume aufstellen, die Finger spreizen. Die andere Hand als Sonne vom Himmel scheinen lassen: Dazu die Hand abwechselnd zur Faust formen und wieder öffnen und die Strahlen mit den Fingern darstellen.

Die Tulpe

Tief unter der Erde steckt
die Tulpenzwiebel im Versteck.

Über ihr ist Eis und Schnee,
da wart ich noch, oh weh, oh weh.

Die Sonne taut den Schnee hinweg,
die Zwiebel reckt sich im Versteck.

Ein Stängelchen schiebt sich nach oben
aus dem kalten, dunklen Boden.

Eine Knospe wächst am Stiel,
wächst und wächst und wächst sehr viel.

Und eines Tages, schwupps, padauz …
… geht die Knospe wirklich auf!

Die Hand zur Faust ballen (als Zwiebel) und unter der anderen Hand versteckt halten. Die andere Hand als Sonne scheinen lassen. Mit der Zwiebelhand wackeln, Zeigefinger aus der Faust herausstrecken und nach oben schieben. Ganze Hand nach oben schieben und mit den Fingern eine Knospe formen. In der letzten Strophe öffnet sich die Blüte (Hand) ganz schnell.

Fingerspiele für die Advents- und Vorweihnachtszeit

Die Advents- und Vorweihnachtszeit erleben die Kinder sicherlich besonders spannend und gemütlich. Dafür können unter anderem diese stimmungsvollen kleinen Finger- und Handspiele sorgen, die Sie zusätzlich mit Geräuschen und Körpereinsatz untermalen können.

Wenn Glöckchen klingen

Hörst du schon die Glöckchen klingen,
die am Niklausschlitten schwingen?

Horch, da klingt das erste fein,
dann stimmt das zweite Glöckchen ein,

ein drittes klingelt hell und schön,
ein viertes klingelt, kaum zu seh'n.

Das kleinste wollte sich verstecken,
ruft ganz laut, ihr müsst es wecken!
Klingeling!

Zu den ersten beiden Zeilen mit allen Fingern einer Hand wackeln. Als erstes Glöckchen den Daumen antippen und dabei „Klingeling!" rufen, dann den Zeigefinger, Mittelfinger und Ringfinger der Reihe nach antippen und jeweils „Klingeling" rufen. Den kleinen Finger abknicken, sodass der nicht zu sehen ist. Noch einmal ganz laut „Klingeling!" rufen und den kleinen Finger ausstrecken. Zum Schluss können wieder alle Finger wackeln.

NOCH MEHR IDEEN

Sie können dieses Fingerspiel auch mit echten Glöckchen nachspielen. Schön ist es, wenn jedes Glöckchen etwas anders klingt.

Plätzchen

Plätzchen woll'n wir heute machen,
kneten leck're Weihnachtssachen.

Wir rollen unsern Teig schön aus,
stechen feine Kekse aus.

Rollen Brezeln, Kipferl, Stangen,
die für alle Kinder langen.

Streichen die Plätzchen ein mit Ei,
das schmeckt dann besonders fein.

Streuen bunte Streusel drauf,
hm, wie lecker, wir freuen uns drauf!
Guten Appetit!

Die Kinder machen pantomimisch die im Text beschriebenen Tätigkeiten nach: kneten, ausrollen, ausstechen, rollen, bestreichen und bestreuen. Zum Schluss wünschen sich alle einen guten Appetit. Schön passt es dann, wenn Sie mit den Kindern im Anschluss an das Fingerspiel im Morgenkreis echte Weihnachtsplätzchen knabbern können.

Holterdipolter, es rappelt im Haus

Holterdipolter, es rappelt im Haus,
ist das schon der Nikolaus?

Er stampft die Treppe hinauf mit Gepäck,
hat Nüsse dabei, Früchte, Gebäck.

Er klopft an die Tür, ruft freundlich „Hallo!“,
wir lassen ihn ein, denn wir freuen uns so.

Zu den ersten beiden Zeilen mit den Füßen auf dem Boden trampeln, mit Zeige- und Mittelfinger der einen Hand dann den anderen Arm hinauflaufen. Am Ohrläppchen zupfen und „Klopf, klopf!“ rufen, zum Schluss jubeln.

Das Niemals-zu-Ende-Fingerspiel

Hopsa, jucheißa, wir freuen uns so,
fünf Finger, die jubeln, sie sind heute froh!

Weihnachten ist es, die Finger, die zappeln,
bewegen sich hin und her wie die Pappeln.

Liebe Finger, seid einmal ganz still,
weil ich das Christkind hören will.

Klappt euch ein, ihr Daumen so dick,
klappt euch weg von meinem Blick.

Zieht euch ein, ihr Zeigefinger,
es wird stiller, immer und immer.

Verschwindet, ihr Mittelfinger, im Nu,
schön ist die Stille, schön ist die Ruh'!

Ihr Ringfinger, klappt euch ein, schwuppdiwupps,
ich geb euch zur besseren Reise 'nen Schubs.

Ruhig und still ist die ganze Band',
schlummern friedlich in meiner Hand.

Hab ich zwei Finger vergessen, oh weh?
Die kleinen Finger? Sie können noch stehen?

Zu Hilfe, die kleinen Finger sind wach,
rufen ganz laut unters Händedach.

Und schon sind die anderen Finger erwacht,
hört nur, wie's zappelt und wackelt und lacht!

Noch einmal, ihr lieben Finger, seid still ...

Dieses Fingerspiel ist unendlich, denn es beginnt immer wieder von Neuem. Die Kinder brauchen dafür beide Hände, die sie mit ausgestreckten und abgespreizten Fingern nach oben halten. Nacheinander – wie im Text angegeben – knicken die Kinder immer zwei Finger (zuerst die Daumen, dann die Zeigefinger usw.) ein, bis zum Schluss nur die kleinen Finger übrig sind.

FINGERSPIELE FÜR DEN TISCH

Den Rhythmus von Sprache zu erleben, ist bei allen gereimten Kindertexten wichtiger Bestandteil der Sprachförderung. Bei Tischtrommelspielen, Tischtheatern und Fingerspielen an der Tischkante und -platte gesellt sich das Wummern, Schlagen, Hämmern, Klopfen und Klappern, Ratschen, Trippeln und Quietschen auf der Tischplatte als unterstützendes Element dazu. Vor allem macht das erlaubte Lärmen aber jede Menge Spaß. Tischtrommelspiele eignen sich darum auch bestens dazu, Kindergruppen aufzuheitern, zu fokussieren und um gute Stimmung in den Gruppenraum zu bringen. Probieren Sie es schnell aus!

Fingerspiele zum Trommeln mit Katz und Maus

Diese Fingerspiele verbinden Reime, Fingerakrobatik und kleine Geschichten mit einem rhythmischen Element, denn es wird auf verschiedene Weise getrommelt und geklopft. Wenn möglich im Takt, denn das unterstreicht den Rhythmus der Sprache und erleichtert auch das Erlernen der Texte.

Bimmel, bammel, bommel

Bimmel, bammel, bommel,
die Katze schlägt die Trommel.
Die Mäuse tanzen in der Reih',
da wackelt die ganze Erde dabei.

Erste und zweite Zeile:
mit den Fäusten auf den Tisch trommeln.
Dritte Zeile:
mit den Fingerspitzen hin und her tippen wie beim Klavierspielen.
Letzte Zeile:
mit den flachen Händen auf den Tisch trommeln, sodass der Tisch ins Wackeln kommt.

Katzen können Mäuse fangen

Katzen können Mäuse fangen,
haben Krallen wie die Zangen.

Kriechen über Bretter und Dächer
und manchmal auch durch Mauselöcher.

Mäuslein stehlen, naschen Speck,
seh'n die Katz' nicht im Versteck.

Leise, leise kommt die Katze,
fängt die Maus mit einem Satze!

Für die ersten vier Zeilen (Katzenverse): mit beiden Händen über den Tisch schleichen. Fünfte und sechste Zeile: als Mäuse mit den Händen über den Tisch tippeln. Zu den letzten beiden Zeilen die Hände laut auf den Tisch patschen.

In unserm Häuschen

In unserm Häuschen
sind schrecklich viele Mäuschen.

Sie trippeln und trappeln,
sie zippeln und zappeln,
sie stehlen und naschen.

Und will man sie haschen –
husch! – sind sie weg.

Mit den Händen über den Tisch trippeln und dabei mit den Fingerspitzen auf die Tischplatte trommeln. Bei „Husch!" laut mit den Händen auf den Tisch schlagen, dann die Hände unter dem Tisch oder hinter dem Rücken verstecken.

Kleine Mäuse

Kleine Mäuse trippeln leise,
jede Maus auf ihre Weise.

Große Mäuse stampfen herum,
machen dabei bumm, bumm, bumm.

Katzen schleichen auf leisen Tatzen,
wollen gerne Mäuse kratzen.

Erwischt die Katze eine Maus,
ist das Spielchen leider aus,
die andern Mäuse geh'n nach Haus.

Als kleine Mäuse trippeln die Kinder mit den Fingerspitzen auf dem Tisch herum. Als große Mäuse trommeln sie mit den Fäusten auf die Tischplatte. Als Katzen kratzen sie mit den Fingern über den Tisch. Bei „Maus" mit beiden Händen auf den Tisch schlagen und die Hände dann vom Tisch nehmen.

Maus, pass auf!

Maus, pass auf, die Katz' geht um,
läuft im ganzen Wald herum.

Geht von Baum zu Baum zu Baum,
du meinst, die Katze sieht dich kaum?

Gleich stürzt sie sich in ein Gebüsch,
schnappt sich wen? Sie schnappt sich ... dich!

Alle Kinder legen ihre Hände auf den Tisch. Ein Kind, die Katze, bewegt eine Hand über die Hände der anderen Kinder hinweg, immer im Kreis. Bei „dich" tippt die Katze eine der Kinderhände an, über denen sie sich gerade bewegt. Zieht das Kind seine Hand schnell weg und die Katze landet auf der Tischplatte, kann sie in einer neuen Spielrunde eine zweite Chance bekommen. Erwischt die Katze die Maus, ist dieses Kind in der nächsten Runde die Katze.

Tipp, tapp

Kleine Mäuse gehen tipp, tapp, tipp, tapp,
große Mäuse gehen tick, tock, tick, tock.
Und die ganz, ganz großen Mäuse?
Tappel, tappel, tappel, tappel, tappel!

Dieses Trommelspiel können Sie zur Melodie von „Kleine Uhren gehen tick, tack!" singen. Dazu trommeln die Kinder in der ersten Zeile ganz leise auf den Tisch, in der zweiten Zeile wird das Trommeln schon lauter. Am Schluss trommeln die Kinder ganz fest und laut auf den Tisch. Die letzte Zeile kann entsprechend laut gesungen werden.

Bissige Tischtrommel- und Tischkantenspiele

Krokodile, Alligatoren und Dinosaurier wünschen auf dieser Seite einen bissigen guten Morgen. Da heißt es aufpassen und schnell reagieren! Diese Finger- und Tischtrommelspiele fördern die Konzentration und sorgen mit viel Spannung für so manchen Lacher.

Die Dinoherde außer Rand und Band

Die Dinos sind außer Rand und Band,
sie sind den ganzen Tag gerannt.
Rennen hin und rennen her,
um die Kurve, das ist schwer,
springen über einen Stamm,
rennen über Stein, durch Schlamm.
Eine Schlucht, zu spät erkannt,
die Dinos sind hineingerannt.

Die Kinder legen beide Hände auf den Tisch und trommeln auf die Tischplatte, damit es sich so anhört, als würde eine Dinoherde laufen. Bei „hin und her" mit den Händen nach links und rechts laufen und weitertrommeln, bei „Kurve" lehnen sich alle Kinder zuerst zur einen, dann zur anderen Seite. Bei „springen" heben alle die Hände vom Tisch und trommeln dann wieder weiter. Bei „Schlucht" trommeln die Kinder mit den Händen an die Tischkante und verstecken die Hände darunter.

Schnapp-dich, das Krokodil

Schnapp-dich ist ein Krokodil,
es liegt versteckt im Flusse Nil.
Schwimmt herum und lauert still,
ob ein Fischlein kommen will.
Guck, da kommt ein Fisch geschwommen,
Schnapp-dich will ihn gern bekommen.
Schwimmt herbei, sperrt auf das Maul,
doch das Fischlein ist nicht faul.
Schwupps, da zischt es weg im Nu,
und Schnapp-dich? Der hat wieder Ruh'.

Ohne Wettspielcharakter: Die Kinder legen eine Hand flach auf den Tisch. Die Hand kurz anheben, mit dem Handgelenk aber auf dem Tisch bleiben und die Hand wieder herunterklatschen lassen wie ein Krokodil, das das Maul aufsperrt und zuschnappen lässt. Mit der Hand auf dem Tisch umherschwimmen. Die andere Hand stellt das Fischlein dar. Es schwimmt um das Krokodil herum. Das Krokodil nähert sich dem Fischchen, aber das Fischchen schwimmt ganz schnell weg.

Schnapp-dich hat Hunger

Schnapp-dich ist ein Krokodil
und heute frisst es schrecklich viel.
Kommt nur her, ihr Fischlein klein,
ich find' euch zum Frühstück fein.
Ich such mir eins von euch gern aus,
für meinen leck'ren Morgen ... schmaus!

Zum Aufpassen oder als Wettspiel: Alle Kinder schwimmen mit einer Hand als Fischchen auf dem Tisch umher. Ein Kind ist Schnapp-dich. Es schwimmt zwischen den Fischen herum. Beim Stichwort „...schmaus!" darf Schnapp-dich versuchen, einen der Fische durch Antippen zu erwischen. Diesen Fisch darf Schnapp-dich verspeisen. Das Kind darf in der nächsten Runde das Krokodil sein.

Alligator, Alligator, schläfst du noch?

Alligator, Alligator,
schläfst du noch?
Schläfst du noch?
Hörst du nicht die Vögel?
Hörst du nicht die Vögel?
Tschilp, tschilp, tschilp!

Nach der Melodie von „Bruder Jakob" singen die Kinder dieses einfache kleine Liedchen. Dazu legt ein Kind seine Hand als Alligator (wie oben beschrieben) auf den Tisch. Die anderen Kinder sind die Vögel. Sie bewegen sich um den Alligator herum. Beim letzten „tschilp" darf der Alligator versuchen, eins der Vögelchen zu erwischen, indem er es zwischen Daumen und Handfläche einklemmt und verspeist. Sehr mutige Vögel singen statt „tschilp" lieber „pick" und versuchen, den Alligator mit dem Zeigefinger anzupicken.

Krokodile und Alligatoren

Nicht ganz das Gleiche, aber doch verwandt: Beide Großmäuler gehören zu den Reptilien und leben in Flüssen und Teichen der tropischen Gebiete der Erde. Im Gegensatz zum Krokodil lebt ein Alligator ausschließlich im Süßwasser. Alligatoren lassen sich auch nur in den USA und in China antreffen. Das breitere Maul hat der Alligator: Sein Kiefer ist U-förmig und vorne breit, während das Krokodil eine spitz zulaufende, V-förmige Schnauze hat, aus der häufig der vierte Zahn herausguckt.

Finger- und Trommelspiele für Ritter und Drachenjäger

Ritter, Drachen und natürlich Prinzessinnen spielen in diesen Finger- und Tischtrommelspielen die Hauptrollen. Hier finden Sie bekannte und ganz neue drachenstarke Spielideen zum Ausprobieren.

Fünf Ritter

Fünf Ritter, die in ihren Betten liegen,
wollen den bösen Drachen besiegen.

Der erste Ritter traut sich nicht,
der zweite zittert fürchterlich.

Der dritte, der will auch nicht gehen,
der vierte schafft das nie im Leben.

Der fünfte aber spricht:
„Ich ganz allein? So geht das nicht!“

So reiten kurz darauf
fünf Ritter einen Berg hinauf.

Doch am Berge oben, welch ein Schreck:
Da war der Drache plötzlich weg.

Zu Beginn ist die Hand zu einer Faust geformt. Den Daumen hervorziehen und damit wackeln, als ob der Ritter den Kopf schüttelt. Den Zeigefinger hervorziehen und damit zittern. Den Mittelfinger hervorziehen, wackeln, genauso mit dem Ringfinger verfahren. Zuletzt den kleinen Finger hervorziehen. Alle fünf Finger an der Hand bewegen sich den Oberarm hinauf oder an der Tischplatte entlang. Bei der letzten Zeile die Schultern hochziehen und „weg“ rufen.

Der Drache Zischel

Der Drache Zischel pfeift und singt,
sein Drachenschwanz, der tanzt und schwingt.

„Heute will ich eine Prinzessin verspeisen,
danach werd’ ich ein Weilchen verreisen.“

Die Prinzessin zückt ein Schwert und meint:
„Das hast du doch nicht ernst gemeint?“

Ein Drachenkampf entsteht, nun ratet,
wen der Sieg beim Kampf erwartet?

Keiner siegt, der Drache lacht,
er hat nur einen Spaß gemacht.
„Tschüss!“

Von der Faust den Daumen als Kopf und den kleinen Finger als Drachenschwanz abspreizen. Mit dem kleinen Finger wackeln. Die andere Hand läuft auf Zeige- und Mittelfinger als Prinzessin herbei. Mit dem Zeigefinger der einen Hand gegen den Daumen der anderen Hand kämpfen. Dann fliegt die Drachenhand davon. Laut „Tschüss!" rufen.

Zehn Drachen

Zehn Dachen, die fliegen leise im Wind,
einer von ihnen ist nicht so geschwind.

Neun Drachen, die flattern durch Luft und Regen,
einer muss sich auf das Drachenohr legen.

Acht Drachen, die sausen durchs Wolkenmeer,
doch einer von ihnen, der will das nicht mehr.

Sieben Drachen, die schweben ganz sacht durch die Welt,
doch einer von ihnen, der baut sich ein Zelt.

Sechs Drachen, die zischen durch Wind und durch Sturm,
einer von ihnen, der fängt einen Wurm.

Fünf Drachen, die flitzen hoch über der Wies',
doch einem von ihnen, dem geht es ganz mies.

Vier Drachen, die taumeln durch Sturm und durch Schnee,
einen von ihnen verzaubert die Fee.

Drei Drachen, die keuchen durch Äste und Zweig',
einer davon ist das Fliegen jetzt leid.

Zwei Drachen, die machen ein Päuschen im Wald,
einer von ihnen schlummert schon bald.

Ein Drache, der möchte auf Reisen gehen,
doch nicht ganz allein, denn das ist nicht schön.
Er ruft seine Freunde – da sind's wieder zehn.

Die Kinder halten alle zehn Finger ausgestreckt hoch. Nach jeder Strophe klappen die Kinder einen Finger ein, bis zum Schluss nur noch ein einziger Finger (Drache) übrig ist.

Der Ritter Wumm

Hört doch nur den Ritter Wumm,
wie er donnert, rumst und wummt.

Leise gehen kann er nicht,
seine Rüstung hat Gewicht.

Das Gespenst Herr Schwebebein
kann dagegen leise sein.

Zart und sanft streicht es umher,
leise schweben? Gar nicht schwer!

Und die Prinzessin Zappelfuß?
Sie flitzt umher mit wilder Lust.

Wen von ihnen steckt der Drachen
wohl in seinen Riesenrachen?

Der Ritter zu knusprig, das Gespenst nicht zu seh'n,
der Prinzessin zu hurtig, auf Wiederseh'n!

Den Ritter Wumm mit Trampeln unter dem Tisch darstellen, dazu mit den Fäusten auf den Tisch trommeln. Beim Gespenst schweben die Hände über dem Tisch, die Prinzessin durch hin und her flitzende Fingerspitzen darstellen. Für den Drachen die Hände an den Daumen zusammenlegen und mit den Händen flattern.

Trommel- und Handspiele für alle Jahreszeiten

Im Sommer wird ordentlich auf die Wasseroberfläche getrommelt – und dabei erfrischend gespritzt und geplanscht. Und auch für die anderen Jahreszeiten finden Sie hier Tischtrommel- und Tischfingerspiele.

Frühling: Fünf Würmer

Fünf Würmer kriechen eilig weg,
suchen ganz schnell ein Würmerversteck.
Ein Vogel pickt auf dem Boden herum,
sein Schnabel macht laut „bumm, bumm".

Ein Wurm zischt in die Erde, ist weg,
er hat es gefunden: das gute Versteck.
Der nächste Wurm kriecht unter ein Blatt,
man sieht ihn kaum, vergisst ihn glatt.

Der dritte Wurm fragt Zoe, die Fee,
sie zaubert ihn weg, abrakadee.
Der vierte Wurm zischt hinter 'nen Stein,
das könnte ein gutes Wurmversteck sein.

Der fünfte und kleinste Wurm, der lacht,
denn der Vogel ist weg, was hast du denn gedacht?

Mit der Hand über den Tisch kriechen. Die andere Hand pickt mit Zeigefinger und Daumen als Schnabel auf den Tisch. Den Daumen in die Faust klemmen, dann nach und nach die anderen, bis nur noch der kleine Finger übrig ist.

Sommer: Das Seeungeheuer

Auf dem Meer ist ein Sturm, er wütet ganz schwer,
die Wellen, die schwippen und schwappen sehr.

Ein Bötchen, das springt auf den Wellen umher,
das schaffen die Leute im Bötchen nicht mehr.

Ein Seeungeheuer, das kommt aus dem Meer,
bringt das Bötchen an Land: Bitte sehr!

Am Rand einer Wanne oder des Planschbeckens stehen oder sitzen die Kinder: Sie legen ihre Hände ins Wasser und machen mächtige Wellen oder trommeln mit den Händen auf die Wasseroberfläche. Ein kleines Spielzeug- oder Papierboot ins Wasser setzen. Ein Kind ist das Seeungeheuer, es kommt mit seiner Hand angeschwommen und bringt das Boot an den Rand in Sicherheit.

Herbst: Imse, bimse, Spinne

Imse, bimse, Spinne, wie lang dein Faden ist!
Fällt herab der Regen und der Faden riss.

Kommt die liebe Sonne und trocknet den Regen auf.
Imse, bimse, Spinne klettert wieder rauf.

Zur Melodie von „Spannenlanger Hansel" passt dieses Fingerspiel: Zu den ersten beiden Zeilen malen die Kinder auf den Tisch einen Faden. Mit den Fingerspitzen auf den Tisch trommeln als Regen. Für die Sonne die Finger wieder spreizen und nach oben bewegen. Die eine Hand kann auch die andere abtrocknen. Zum Schluss mit der Hand als Spinne über den Tisch krabbeln.

Winter: Kleine Flocken

Kleine Flocken rieseln zart herunter,
mittlere Flocken tanzen ganz munter,
große Flocken sausen dazu,
decken die Erde mit Schneeflocken zu.

Kleine Flocken mit den Fingerspitzen darstellen, die von oben zart auf der Tischplatte landen. Die mittleren Flocken tanzen als Fingerspitzen auf dem Tisch herum. Die großen Flocken landen schwer auf dem Tisch. Mit den Händen auf den Tisch schlagen.

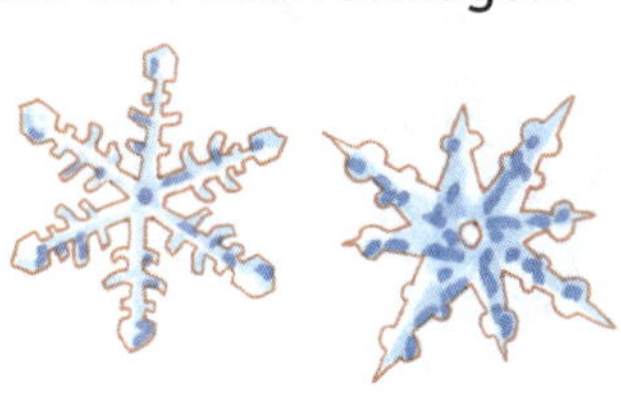

Winter: Schneemann

Rolle, rolle, rolle,
ein Ball aus Schnee und Flocken auch,
der wird vom Schneemann erst der Bauch.

Rolle, rolle, rolle,
ein Ball aus Schnee und Flocken fein,
der soll die Brust vom Schneemann sein.

Rolle, rolle, rolle,
ein Ball aus Schnee ganz oben drauf,
den setzen wir als Kopf ihm auf.

Ein Eimer ist der Schneemannhut,
der steht unserm Männchen gut.

Augen aus zwei Knöpfen rund,
noch mehr Knöpfe sind der Mund.

Und zum Schluss, was glaubt ihr wohl,
was der Schneemann kriegen soll?

Eine Möhre ins Gesicht,
gefällt euch das denn nicht?
Applaus, bitte!

Zu „Rolle, rolle" machen die Kinder auf dem Tisch Bewegungen, als ob sie eine (Knetmasse-)Kugel über den Tisch rollen. Bei „Bauch" klopfen sich die Kinder sanft auf den Bauch, bei „Brust" auf die Brust, bei „Kopf" auf den eigenen Kopf. Bei „Augen" mit Daumen und Zeigefinger auf die eigenen Augen zeigen, bei „Mund" auf den eigenen Mund zeigen. Zum Schluss fassen sich die Kinder an die eigene Nase und trommeln auf dem Tisch laut Applaus.

HANDGESTEN-SPIELE

Mit den Fingern lässt es sich prima erzählen. Wie wäre es, wenn Sie beide Hände und die Arme mit dazunehmen? Auf den nächsten Seiten finden Sie Spiele für Finger, Hände, Arme, und manche Spiele sprechen auch den gesamten Körper an. Bei diesen Spielen kommt darum mehr Bewegung in die Sache. Auch hier unterstützen Reime, Geschichten und Spiele das kindliche Erleben und stellen das kindliche Interesse in den Mittelpunkt. Wichtel, Riesen, Zwerge, Hexen, kleine und große Tiere entführen Sie auf den folgenden Seiten in ihre abenteuerliche Welt.

Mitmachgedichte und Handgestenspiele mit Zwergen, Riesen und Feen

Mitmachgedichte und Handgestenspiele bringen etwas mehr Bewegung in die Kinderrunde als Fingerspiele, die nur die Finger beanspruchen. Auf diesen Seiten finden Sie Spiele aus dem Reich der Zwerge und Riesen. Wenn den Kindern diese Inhalte gefallen, interessieren sie sich sicher auch für die Märchenmitmachgedichte auf 52 und 53.

Himpelchen und Pimpelchen

Himpelchen und Pimpelchen,
die stiegen auf 'nen Berg.

Himpelchen ein Heinzelmann
und Pimpelchen ein Zwerg.

Sie blieben lang dort oben sitzen
und wackelten mit ihren Zipfelmützen.

Doch nach vielen, vielen Wochen
sind sie in den Berg gekrochen.

Schlafen dort in guter Ruh'.
Seid mal still und hört gut zu:

Chrrr, chrrr!

Heißa, heißa, hoppsassa,
Himpelchen und Pimpelchen sind wieder da.

Zu den ersten beiden Zeilen das Hochsteigen auf den Berg pantomimisch nachstellen. Die Zwergenmützen andeuten, indem die Kinder die Hände über dem Kopf spitz zusammenführen. Mit den so dargestellten „Zipfelmützen" hin und her wiegen. Das Schlafen pantomimisch nachahmen, Schnarchgeräusche machen, zum Schluss jubeln.

Oben auf des Berges Spitze

Oben auf des Berges Spitze
sitzt ein Zwerg mit seiner Mütze.

Wackelt hin und wackelt her,
lacht ganz laut und freut sich sehr.

Reibt sich seine Hände,
klopft auf seinen Bauch
und stampft mit seinen Füßen,
klatschen kann er auch.

Fasst sich an die Nase
und springt froh herum.
Hüpft dann wie ein Hase,
plötzlich fällt er um.
Bumm!

Die Kinder begleiten den Sprechtext nach eigenen Ideen – passend zum Gesagten, beispielsweise indem sie sich die Hände reiben, auf den Bauch klopfen usw. Zum Schluss rufen alle gemeinsam ganz laut „Bumm!".

Drei Zwerge

Drei Zwerge stapfen in den Wald,
frieren und zittern, denn es ist kalt.

Zwei Feen schweben hinterher,
sie frieren und mögen die Kälte nicht sehr.

Ein Riese stampft zum Schluss dazu,
er stampft mit den Füßen, ihm fehlen die Schuh'.

Ein Wichtel hüpft von Ast zu Ast,
er zittert und friert, er weint schon fast.

Die Hexe Schwuppschwapp kommt eilend herbei,
zaubert ein Feuer, eins, zwei, drei.
Juchu!

Die Kinder stellen die Fortbewegungsarten der einzelnen Figuren nach: Stapfen, Schweben, Stampfen, Hüpfen. Dabei reiben sie sich die Arme und rufen „Brrrr!". Zum Schluss rufen alle „Juchu!".

Die kleine Hexe mit dem Hut

Die kleine Hexe mit dem Hut
zaubert mächtig, zaubert gut.

Hexenmacht und Krötenbrei,
alle tanzen wild herbei.

Hexenmacht und Käferschinken,
alle wollen fröhlich winken.

Hexenmacht und Augenweiß,
alle drehen sich im Kreis.

Hexenmacht und Spinnenbein,
alle Leute werden klein.

Hexenmacht und Krötenschlange,
alle werden wieder lange.

Hexenmacht und Algenblatt,
alle werden müd' und matt.

Hexenmacht und Schneckenkinn,
legt euch nun zum Schlafen hin.

Die kleine Hexe mit dem Hut?
Die geht nach Hause, tschüss, macht's gut!

Die Kinder folgen den Hexensprüchen, indem sie jeweils ausführen, was die Hexe zaubert, also wild tanzen, dann fröhlich winken, ganz klein machen und in die Hocke gehen, aufstehen und sich ganz lang strecken. Zum Schluss legen sich die Kinder hin und ruhen etwas aus.

Mitmachspiele für die Füße und Zehen

Auch die Füße freuen sich über Zuwendung. Die folgenden Spiele können die Kinder am besten mit nackten Füßen durchführen. Wie wäre es, wenn Sie zuvor ein Fußbad mit den Kindern machen, damit sich die Füße im warmen Wasser entspannen?

Das ist der dicke Onkel Klaus

Das ist der dicke Onkel Klaus
und der schaut aus dem Fenster raus.
Der wohnt hier gleich nebenan,
sieh mal, wie der wackeln kann.
Und das, das ist der kleine Hans,
lädt uns alle ein zum Tanz.

In der ersten Zeile mit dem großen Zeh des Kindes wackeln oder das Kind umfasst selbst seinen großen Zeh. In der zweiten Zeile zum nächsten Zeh wandern usw., bis alle Zehen an der Reihe waren. Beim kleinen Hans mit dem kleinen Zeh wackeln und zum Schluss mit beiden Füßen wackeln oder die Füße hin und her bewegen als Tanz.

Murmeljagd

Zehn kleine Jäger, die suchen 'nen Schatz,
sie machen sich auf, sie laufen ratzfatz.
Greift euch die Beute und sammelt sie ein,
der Schatz soll für alle zusammen sein.

Für dieses Zehengreifspiel benötigen Sie Murmeln oder kleine Kieselsteine. Leeren Sie alles auf einem Tablett mit Rand aus. Daneben stellen Sie Schalen oder Körbchen auf. Die Kinder sollen versuchen, die Murmeln oder Steine mit den Zehen zu greifen und in die Schalen zu verteilen.

Fünf kleine Wichtel

Fünf kleine Wichtel, die sitzen im Gras,
wackeln mit den Mützen, das macht ihnen Spaß.
Der erste ist dick und ein lustiger Wicht,
der zweite ist klein, hat viel wen'ger Gewicht.
Der dritte, der gähnt und schlummert im Gras,
den vierten, den kitzelt das Gras an der Nas'.
Der fünfte muss niesen, hatschi und hatschu,
dann machen die Wichtel die Augen zu.
Gute Nacht! Schnarch!

Zu den ersten beiden Zeilen mit allen Zehen wackeln. Dann der Reihe nach jeden Zeh antippen. Bei „hatschi und hatschu" niesen. Zum Schluss die Zehen nach vorne knicken und Schnarchgeräusche machen.

Tipp und Tapp

Guten Tag, das ist Tipp, halli und hallo,
und das hier ist Tapp, der freut sich heut so.
Zusammen tanzen sie hin und her,
das mögen die beiden Füße so sehr.
Manchmal tanzen sie hoch und zurück:
für Tipp und Tapp das ganz große Glück.
Doch am liebsten mögen sie Kitzeln und Lachen,
das wollen wir mit ihnen gleich einmal machen.

In der erste Zeile den einen Fuß anheben und streicheln, in der zweiten Zeile das Gleiche mit dem anderen Fuß machen. In der dritten und vierten Zeile die Füße zur Seite drehen, dann hoch- und wieder runterbiegen. Zum Schluss kitzeln.

Gewitter-Zehentrommel-spiel

Am Himmel ball'n sich Wolkenberge,
seht doch nur, ihr Zehenzwerge.

Die Wolken kommen rasch herbei,
das wird was geben, eijeijei!

Zuerst da grummelt es nur leise,
der Regen fällt nur tröpfchenweise.

Dann wird der Donner etwas mehr,
die Tiere flüchten, beeilen sich sehr.

Der Donner wird nun laut, macht „Wumm!",
ein Blitz schlägt ein, ein Baum fällt um.

Was für ein Lärm, es donnert und kracht,
wie gut, dass uns das keine Sorgen macht!

Doch schaut nur, da fliegen die Wolken davon,
die Sonne blitzt manchmal vom Himmel schon.

Der Donner wird leiser und leiser und still,
weil die Welt sich nun wieder erholen will.

Für dieses Spiel benötigen Sie ein großes weiches Kissen, das die Kinder in die Mitte des Sitzkreises legen. Die Kinder können auf dem Boden oder auf Stühlen sitzen und das Spiel barfuß oder in Strümpfen spielen. Zu Beginn zeigen alle Kinder ihre Füße, die Zehenzwerge. Mit den Füßen dürfen die Kinder ins Kissen treten. Dann stellen die Kinder den Donner dar: Zuerst tippen sie mit den Füßen nur ganz leise und sanft auf den Boden, dann etwas stärker, zum Schluss trampeln und stampfen sie laut, um den Donner darzustellen. In den letzten beiden Strophen werden die Kinder wieder leiser.

Mitmachgedichte, Klatschspiele und Handspiele mit viel Bewegung

Die meisten Fingerspiele finden bequem im Sitzen statt. Die hier folgenden Reimspiele bringen etwas mehr Bewegung ins Spiel und eignen sich eher für die älteren Kinder, weil das Umsetzen von Sprache und Bewegungen gleichzeitig nicht immer ganz einfach ist.

Bewegungsspiel „Raketenstart"

Zehn, neun, acht, Motoren starten,
Astronauten sitzen, warten!

Sieben, sechs, es leuchten Knöpfe,
Astronauten schützen ihre Köpfe.

Fünf und vier, das Cockpit rüttelt,
dass es die Astronauten schüttelt.

Drei und zwei, die Zündung brummt,
dass es nur so zischt und wummt.

Eins und null, wir rasen ins All,
mit Feuer, Rauch, mit lautem Knall.

Die Kinder sitzen ganz ruhig und warten, bei „sieben, sechs" ziehen die Kinder die Köpfe ein und umfassen sie mit den Armen, sie beginnen leise mit den Füßen zu trampeln. Bei „fünf und vier" schütteln sich die Kinder zusätzlich und trampeln dazu lauter. Bei „drei und zwei" noch stärker trampeln, bei „eins und null" ganz laut und stark stampfen und trampeln, den Kopf loslassen und in den Raum davonzischen.

Klatschspiel „Bei Müllers hat's gebrannt"

Bei Müllers hat's gebrannt, -brannt, -brannt,
da bin ich hingerannt, -rannt, -rannt.
Da kam ein Polizist, -zist, -zist.
Der schrieb mich auf die List, List, List.
Die List fiel in den Dreck, Dreck, Dreck,
da war mein Name weg, weg, weg.
Da lief ich schnell nach Haus, Haus, Haus
und die Geschicht' war aus, aus, aus.

Pro Zeile klatschen die Kinder immer so: zuerst in die eigenen Hände, dann die rechten Hände gegeneinander, dann wieder in die eigenen, dann die linken Hände gegeneinander, dann wieder die eigenen Hände, am Ende der Zeile immer je dreimal mit beiden Händen gegeneinander.

Handgestenspiel „Hexensuppe"

Hm, heut' gibt es ein feines Gericht,
sagt bloß, ihr kennt Hexensuppe noch nicht?

Die Hexe rührt im Kessel und lacht,
heute wird Hexensuppe gemacht!

Giftpflanzenblätter, die trocknet sie ab,
püriert sie mit dem Zauberstab.

Giftige Pilze, die schneidet sie klein,
die kommen in die Suppe rein.

Augen von Kröten, fünf Ästchen, ein Stein,
die streut sie in die Supp' hinein.

Beine von Spinnen schnitzelt sie klein,
die machen die Suppe würzig und fein.

Aus Schleim von Schnecken einen Klecks,
fertig ist die Supp' für die Hex'!
Guten Appetit!

Im Steh- oder Sitzkreis machen die Kinder zur ersten Strophe „Hm" und reiben sich den Bauch. Bei „Giftpflanzenblätter" mit der einen Hand immer über die andere Hand streicheln. Bei „Pilze" mit den Zeigefingern wie beim „Speckschneiden" übereinanderstreichen, bei den Krötenaugen das Hineinstreuen pantomimisch darstellen. Die geschnitzelten Spinnenbeine darstellen, indem beide Handflächen nebeneinander wie Messerschneiden auf und ab geführt werden. Zum Schluss in die Hände klatschen und laut „Guten Appetit!" rufen.

Mitmachgedicht „Schmetterlingstanz"

Schmetterlinge, die schweben ganz sacht,
die Sonne, die freut sich, klatscht dazu, lacht.

Sie schweben und flattern im Blütenmeer,
fliegen und flattern gefällt ihnen sehr.

Dann ruhen sie auf einer Blüte kurz aus,
breiten die Flügel im Sonnenschein aus.

Weiter nach links und nach rechts, hin und her,
Kurven und Kringel, im Kreise umher.

Schnell, duckt euch und zieht eure Flügel ein,
das kann nämlich nur der Schnappvogel sein!

Der Vogel fliegt weiter, kommt schnell und kommt leis',
die Schmetterlinge fliegen im Kreis.

Die Schmetterlinge fliegen nach Haus
und die Geschichte, die ist ... aus.

Ganz langsam und leise „fliegen" die Kinder mit ausgebreiteten Armen umher, dann setzen sie ihre Arme ein, um Flatterbewegungen nachzumachen. In der dritten Strophe sucht sich jedes Kind einen Platz, wo es mit ausgebreiteten Armen ausruht (sich hinsetzt oder hinlegt). Danach in Kurven fliegen. In der fünften Strophe ganz klein zusammenkauern und die Arme eng an den Körper legen. Danach im Kreis flattern. In der letzten Strophe winken sich alle Schmetterlinge noch einmal zu.

Tierisch starke Fingerspiele mit Hand- oder Fingerpuppen

Tiere spielen die Hauptrollen in den folgenden bekannten Fingerspielen. Schön, wenn Sie passende Tierfingerpuppen oder Handpuppen dazu bereithalten, sodass die Kinder die Spiele damit nachspielen können. Alle Spiele funktionieren aber auch ohne Puppen und nur mit Fingern und Händen!

Alle meine Fingerlein

Alle meine Fingerlein
wollen heute Tiere sein.
Dieser Daumen, dick und rund,
ist der schwarze Schäferhund.
Zeigefinger ist ein Pferd,
das die Kinder reiten lehrt.
Der Mittelfinger ist die Kuh,
sie gibt Milch ohn' Rast und Ruh'.
Ringfinger ist das Schwein
mit vielen kleinen Ferkelein.
Kleiner Finger, ritz-ratz,
ist die weiße Miezekatz.
Nachts sind alle fünf im Stall,
hör nur, wie sie schnarchen all!

Die Finger nacheinander zeigen. Dazu – falls vorhanden – jeweils das passende Fingerpüppchen aufsetzen, bis zum Schluss alle Finger ein Fingerpüppchen tragen.

Fünf Schweinchen

Fünf Schweinchen kommen gelaufen,
der Bauer will sie verkaufen:
das Schnüffelnäschen,
das Wackelöhrchen,
das Kugelränzchen,
das Ringelschwänzchen.
Da ruft das kleine Wackelbein:
„Kommt, wir gehen alle heim!"

Mit einer Hand angelaufen kommen und die Finger nacheinander hochhalten. Nach Wunsch können die Kinder auch passende Bewegungen zu den Namen der Schweinchen durchführen und beispielsweise bei „Schnüffelnäschen" mit dem Finger auf die Nase tippen und schnüffeln und bei „Wackelöhrchen" mit dem Finger am Ohr wackeln. Fragen Sie die Kinder nach Ideen zur Umsetzung. Auch hier können Sie Schweinchenfingerpuppen mit ins Spiel integrieren.

Häschen und Mäuschen

Kommt ein kleines Häschen,
das gibt deinem Näschen
mit viel Genuss
einen Nasenhasenkuss.

Kommt ein kleines Mäuschen,
das will in dein Häuschen.
Das Mäuschen sagt: „Piep, piep,
ich hab' dich zum Fressen lieb!"

Bei beiden Strophen: vom Bauch mit den Fingern hochkrabbeln und an der Nase kitzeln oder an der Nase reiben.

Die kleine freche Spinne

Oben auf der Regenrinne
sitzt die kleine freche Spinne.
Hihihi, so lacht sie munter,
lässt sich gleich zur Hand hinunter.
Krabbelt hin und krabbelt her,
krabbeln, das ist gar nicht schwer.
Die kleine freche Spinne,
zieht sich hoch zur Regenrinne.

Oben auf der Regenrinne
sitzt die kleine freche Spinne.
Oh, là, là, was seh' ich da:
Die zweite Hand ist auch noch da!
Hihihi, sie lachen munter,
lassen sich zur Hand hinunter.
Krabbeln hin und krabbeln her,
krabbeln, das ist gar nicht schwer.
Und zwei kleine freche Spinnen
zieh'n sich hoch in ihre Rinnen.

Die Kinder stellen die in den Reimen beschriebenen Bewegungen zunächst mit einer Hand nach, in der zweiten Strophe kommt die zweite Hand dazu. Alle Bewegungen werden nun mit beiden Händen gleichzeitig nachgestellt. Auch hier können die Kinder falls vorhanden Spinnenfingerpuppen verwenden.

Ein Krokodil

Ein Krokodil,
ein Krokodil,
mit seinem Maule frisst es viel.
Liegt lange wie im schönsten Traum
ganz reglos wie ein Stamm vom Baum.
Dann schnappt es zu –
vorbei ist die Ruh'!
Reiß aus! Lauf weg!
Du lieber Schreck!
Pass auf, dass nicht
es dich erwischt!

Für dieses Spiel eignet sich eine Krokodilhandpuppe (vielleicht aus dem Kasperletheater), deren Maul sich öffnen und schließen kann. Aber auch ohne Puppe macht das Krokodilspiel Freude: Mit Daumen und anderen Fingern ein auf- und zuklappendes Krokodilmaul darstellen. Zunächst die Hand reglos auf dem Oberschenkel liegen lassen, dann mit der Hand den Arm oder die Hand des Kindes oder Nachbarkindes schnappen. Zum Schluss mit den Füßen ganz schnell auf den Boden trippeln.

Märchenhafte Finger- und Mitmachspiele

Märchen sind auch heute noch besondere Geschichten, die die Kinder immer wieder in ihren Bann ziehen. Dann macht es Spaß, die Handlung mit Reimen und Bewegungen nachzuempfinden.

Fingerspiel „Frau Holle"

Pille, palle, polle,
im Himmel wohnt Frau Holle.
Die schüttelt ihre Betten aus,
da fallen viele Flöckchen raus.
Ticke, tacke, tocke,
da kommt 'ne Riesenflocke.
Die setzt sich auf den Gartenzaun
und will sich dort ein Häuschen bau'n.

Zur ersten Zeile dreimal in die Hände klatschen, den Himmel mit beiden Armen ausholend darstellen. Zum Bettenschütteln beide Hände schütteln, dann mit den Fingern von oben nach unten „rieseln". Zu „Ticke, tacke …" wieder dreimal in die Hände klatschen und die große Flocke wieder ausholend mit den Händen in die Luft malen. Die Flocke auf dem Bein ablegen und mit den Händen über dem Kopf ein Dach andeuten.

Mitmachlied „Hänsel und Gretel"

Hänsel und Gretel verirrten sich im Wald.
Es war so finster und auch so bitterkalt.
Sie kamen an ein Häuschen von Pfefferkuchen fein.
Wer mag der Herr wohl von diesem Häuschen sein?

Hu, hu, da schaut eine alte Hexe raus,
sie lockt die Kinder ins Pfefferkuchenhaus.
Sie stellte sich gar freundlich, oh Hänsel, welche Not!
Sie will dich backen im Ofen braun wie Brot!

Doch als die Hexe zum Ofen schaut hinein,
da ward sie geschoben von Hans und Gretelein.
Die Hexe musste braten, die Kinder geh'n nach Haus,
nun ist das Märchen von Hans und Gretel aus.

Die Melodie zum Lied „Hänsel und Gretel" ist sehr bekannt. Zum Lied machen die Kinder die passenden Bewegungen nach eigenen Ideen. In der ersten Strophe können die Kinder beispielsweise sich an den Händen haltend im Raum oder im Kreis umhergehen und dabei zittern und bibbern.

Mitmach- und Tanzgedicht „Aschenputtel"

Aschenputtel weint gar sehr,
Mutter hat es keine mehr.
Einmal hin, einmal her,
Aschenputtel, wein' nicht mehr.

Aschenputtel darf nicht mit,
zum Ball geh'n nur die Schwestern mit.
Fahren hin, fahren her,
Aschenputtel weint gar sehr.

Aschenputtel, armes Kind,
zählt die Erbsen aus geschwind.
Täubchen hin, Täubchen her,
Erbsenzählen ist nicht schwer.

Aschenputtel geht zum Ball,
schöner als die Mädchen all.
Dreht sich hin, dreht sich her,
der Prinz, der freut sich sicher sehr.

Aschenputtel, pass doch auf,
Schuh verloren, mach' dich auf!
Reite hin, reite her,
schnell nach Haus', beeil dich sehr!
Der Schuh ist allen viel zu klein,
passt Aschenputtel ganz allein.
Dreh ihn hin, dreh ihn her,
der Prinz freut sich darüber sehr.

Dieses Gedicht lässt sich gut zur Melodie von „Brüderchen, komm, tanz mit mir" singen. Dazu ergänzen die Kinder passende Bewegungen, die sie sich selbst ausdenken. In der ersten Strophe beispielsweise das Weinen pantomimisch nachstellen, in der zweiten Strophe das Fahren, in der dritten das Auszählen der Erbsen usw.

Mitmachspiel „Froschkönig"

Am Brunnen sitzt Prinzessin Marie,
spielt mit dem Ball, sie hat ihn so lieb.

Der Ball plumpst in den Brunnen rein,
liebe Prinzessin, muss das denn sein?

Ein Frosch kommt angehüpft und lacht,
er hat das Bällchen mitgebracht.

Quak, quak, liebe Prinzessin, hab mich doch lieb,
sonst werde ich zum Bällchendieb.

Die Prinzessin, der Frosch, die gehen nach Haus,
ins feine und schöne Prinzessinnenhaus.

Der Frosch will mit der Prinzessin essen,
von ihrem Tellerchen mit ihr fressen.

Die Prinzessin wird wütend und schleudert das Tier
gegen die goldene Esszimmertür.

Ein Knall, ein Rauch, ein Nebel auch,
ein echter Prinz mit Kopf und Bauch!

So ein Glück, die Geschichte ist aus,
der Prinz nimmt die Prinzessin mit zu sich nach Haus.

Die Kinder begleiten das Gedicht mit selbst ausgedachten Bewegungen. In der ersten Strophe stellen die Kinder vielleicht pantomimisch das Ballspiel dar, in der zweiten Strophe bekommen die Kinder einen Schreck und halten die Hand vor den Mund. Zum Schluss fassen sich alle Kinder an den Händen und jubeln.

Hand- und Mitmachspiele für alle Jahreszeiten

Jahreszeiten mit den Händen nachempfinden: Das funktioniert mit diesen vier Handspielen zu Frühling, Sommer, Herbst und Winter. Beim Herbst beziehen die Kinder ein selbst gefundenes Laubblatt mit in ihre Bewegungen ein und beim Winter kommen Schneeflocken-Papierbälle zum Einsatz.

Frühling: Wenn die Frühlingssonne lacht

Wenn die Frühlingssonne lacht,
wenn die Blumen aufgewacht,
kommen übers weite Meer
alle Vögel wieder her.

Ruhen sich ein wenig aus,
fliegen dann über die Berge nach Haus.
Eins hierhin, eins dort,
jedes an einen anderen Ort.

Und wer sie hat zuerst geseh'n,
der steigt auf die Höh' und bleibt dort steh'n.
Die Kinder rufen vor Freude: „Hurra!
Der Frühling, der Frühling ist wieder da!"

Zu den ersten Zeilen die Arme über den Kopf halten und alle Finger spreizen, um die Sonne darzustellen. Die Vögel durch flatternde Bewegungen mit den Armen nachempfinden. Die Kinder denken sich zu den Reimen selbst die passenden Bewegungen aus. In der zweiten Strophe das Ausruhen durch zusammengelegte Hände und geschlossene Augen darstellen, dann wieder flattern. Zum Schluss gemeinsam jubeln.

Sommer: Two little apples

Two little apples, hanging on a tree,
two little apples, smiling at me.
I shook that tree, as hard as I could.
Down came the apples.
Hm! They were good!

Deutsche Übersetzung:
Zwei kleine Äpfel, die hängen am Baum,
zwei kleine Äpfel, die lächeln mir zu.
Ich schüttelte den Baum, so kräftig ich konnte.
Herunterpurzelten die Äpfel.
Hm, sie waren lecker!

Zur ersten Zeile halten die Kinder beide Fäuste als Äpfel hoch. Zur zweiten Zeile lächeln die Kinder einander zu. Zur dritten Zeile das Schütteln nachstellen. Die Fäuste dann auf die Oberschenkel plumpsen lassen. Sich den Bauch reiben und „Hm!" rufen.

Herbst: Der Herbstwind, der braust!

Der Herbstwind, der saust!
Sieh, wie er die Blätter rüttelt!
Sieh, wie er die Blätter schüttelt!
Im Herbst sind die Blätter viel bunter
und fallen zum Abschied vom Baum herunter.

Für dieses Mitmachspiel benötigen Sie für jedes Kind ein schönes Laubblatt. Die Kinder stehen im Kreis, ihr Blatt in der Hand, und empfinden die Reime nach, indem sie ihre Blätter zuerst nur hin und her bewegen, dann kräftig schütteln und zum Schluss zu Boden fallen lassen.

Winter: Mein Flöckchen

Mein Flöckchen, mein Flöckchen,
das trägt ein weißes Röckchen.
Es liegt und ruht auf einem Baum,
leicht und zart, man merkt es kaum.
Doch kommt der Winterwind,
bläst es fort geschwind,
dann ist mein Flöckchen, mein Flöckchen,
mitsamt seinem Röckchen,
nicht mehr zu sehen.
Auf Wiedersehen!

Für dieses Mitmachspiel benötigen Sie pro Kind einen kleinen Papierball (aus Zeitungs- oder Restepapier schnell selbst gerollt), den das Kind in die Hand nimmt. Auch Wattebäusche eignen sich. In den ersten beiden Zeilen drehen sich die Kinder mit ihrem „Flöckchen" im Kreis, in den beiden folgenden Zeilen halten die Kinder das Bällchen auf ihrer ausgestreckten Handfläche und versuchen nach dem Drehen, so das Gleichgewicht zu behalten. Dann dürfen die Kinder ihren Ball von der Handfläche pusten.

FINGERSPIELE FÜR KINDER UNTER 3

Fingerspiele und mehr für Krippenkinder/ Kinder unter 3 Jahren

Kinder unter 3 Jahren sind bei Weitem keine homogene Gruppe. Sie entwickeln sich so rasant weiter, dass man kaum von einer bestimmten Zielgruppe sprechen kann. Auf den folgenden Seiten finden Sie Fingerspiele, für die Kleinstkinder nicht notwendig laufen oder stehen können müssen. Alle Finger-, Kitzel- und Kosespiele sind im Sitzen (oder Liegen) durchführbar und sind kürzer und einfacher und darum für Krippenkinder schneller zu lernen oder zu erinnern.

Einen besonderen Schwerpunkt bilden Fingerspiele, die Sie als pädagogische Fachkraft mit nur einer Hand durchführen können, wenn Sie die andere Hand und den anderen Arm beispielsweise benötigen, um sehr junge Kinder festzuhalten oder im Arm zu halten.

Fingerspiele für Krippenkinder

Kinder unter 3 Jahren freuen sich über Finger- und Zehenspiele, die nicht zu lang sind und gleichzeitig Körperkontakt bieten. Hier finden Sie zunächst einige traditionelle und bekannte Fingerspiele, die für dieses Heft leicht umgewandelt wurden.

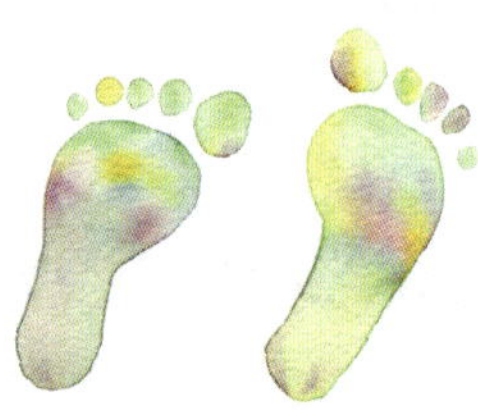

Guten Morgen, ihr Füßchen

Guten Morgen, ihr Füßchen,
wie heißt ihr denn?
Ich heiße Hampel
und ich heiße Strampel.
Ich bin das Füßchen Übermut
und ich das Füßchen Tunichtgut.

Übermut und Tunichtgut
gehen auf die Reise, platsch!
Durch alle Sümpfe,
nass sind Schuh' und Strümpfe.
Da kommen sie schnell nach Haus,
kitzelditzeldaus!

Die beiden Füße des Kindes durch Berühren begrüßen. Dann beide Füße abwechselnd hochheben. In der zweiten Strophe mit den Füßen das Gehen und Platschen nachstellen. Zum Schluss an den Füßen kitzeln.

Schneide, schneide Holz entzwei

Schneide, schneide Holz entzwei,
große Stücke, kleine Stücke.
Schneide, schneide, eins, zwei, drei,
schni-, schna-, schnuck,
schneid mit einem Ruck!

Die beiden Hände des Kindes mit den Handflächen zueinander halten und Schneidebewegungen machen, dazu im Takt sprechen. Bei „Ruck" mit den Händen klatschen.

Ins Wasser gefallen

Der ist ins Wasser gefallen,
der hat ihn herausgezogen,
der hat ihn nach Haus getragen,
der hat ihn ins Bett gelegt
und der Kleine hat ihn zugedeckt.

Nacheinander zuerst den Daumen, dann die anderen Finger in die Hand nehmen. Der kleine Finger bekommt am Ende einen Kuss oder wird gekitzelt.

Meine Hände

Meine Hände sind weg,
weg im Versteck.
Was soll ich nur machen?
Ich werd' einfach lachen.
Hihi und haha,
und meine Hände ... sind da!

Zu den ersten Zeilen die Hände hinter dem Rücken verstecken. Dann lachen, die Hände wieder hervorholen und bei „da!" in die Hände klatschen. Das Spiel lässt sich auch mit den Ohren (Ohren mit den Händen zuhalten), der Nase, Haaren, Mund, Bauch usw. fortführen.

Schau, da kommt ein Männchen

Schau, da kommt ein Männchen an,
will an deine Öhrchen dran.
Männchen, Männchen, lass das sein,
Ohren kitzeln ist nicht fein!

Mit zwei Fingern am Kind hinaufkrabbeln und am Ohr kitzeln. Mit dem Zeigefinger „Nein, nein!" zeigen, das Männchen krabbelt wieder weg. Das Spiel lässt sich auch mit Nase, Mund, Hals usw. fortführen.

Einhändige Kitzel-, Kose- und Fingerspiele für den Wickeltisch

Das Wickeln erfordert unter anderem auch ein hohes Maß an Sensibilität von pädagogischen Fachkräften. Als Ablenkung, zur Unterhaltung, aber auch um Nähe aufzubauen, eignen sich diese Wickelverse, die Sie mit einer einzigen Hand ausführen können, damit Sie die andere Hand frei haben, um das Kind festzuhalten. Denken Sie daran, das Kind auf dem Wickeltisch niemals unbeaufsichtigt zu lassen und es unter keinen Umständen loszulassen. Diese kleinen Verse eignen sich auch, wenn Sie das Kind auf dem Arm tragen und auf diese Weise ebenfalls nur eine Hand zu Verfügung haben.

Wie das Fähnchen

Wie das Fähnchen auf dem Turme
sich da dreht bei Wind und Sturme,
so sollen sich meine Händchen, Händchen dreh'n,
dass es eine Lust ist, zuzuseh'n.

Zum Lied eine Hand mit leicht gespreizten Fingern hochhalten und im Handgelenk hin und her drehen. Die Melodie dieses bekannten Kinderlieds können Sie im Internet auf geeigneten Portalen anhören.

Kleine Biene

Kleine Biene,
komm und summ,
um die/den (Namen des Kindes einfügen) herum.
Kitzel mal am Öhrchen,
kitzel zart und fein,
kleine Biene, jetzt flieg weiter,
lass das Kitzeln sein!
Bienchen fliegt weg,
sucht sich ein Versteck.
Fort!

Mit einer Hand angeflogen kommen, am Ohr kitzeln, dann die Hand hinter dem Rücken verstecken und „Fort!" rufen.

Der Hatschi-Wichtel

Kommt ein Wichtel und muss niesen,
ruft herbei Herrn Groß, den Riesen.
Muss der Riese auch noch niesen,
kommen viele Riesenriesen.
Machen laut „hatschi, hatschu",
geben einfach keine Ruh'!
Und der Wichtel, der macht leise
„hatschipuh" auf seine Weise.

Zum Reimtext an den betreffenden Stellen das Niesen nachmachen. Die beiden letzten Zeilen flüstern und dazu ganz nach ans Kind herangehen. Bei „hatschipuh" ganz leicht kitzeln.

Der kleine Käfer Flipp

Dipp, dapp, dubbedipp,
das ist der kleine Käfer Flipp.
Fliegt herum, summsumm, summsumm,
landet auf dem Rücken: bumm!

Zu den ersten beiden Zeilen mit den Fingerspitzen von Zeigefinger und Mittelfinger auf dem Bauch oder Arm des Kindes laufen. Dann die Hand anheben und damit nachstellen, wie der Käfer fliegt. Nach Wunsch dazu „Ssssssumm!" brummen. Die Hand dann auf dem Arm oder Bauch des Kindes legen, auf den Handrücken drehen und bei „bumm!" nicht mehr bewegen.

Zwei Würmchen

Zwei Würmchen, zwei Würmchen,
die kriechen und schnaufen,
dann fangen sie an, miteinander zu raufen,
sie rollen und raufen und kullern und witzeln,
das könnte dich jetzt ein bisschen kitzeln.
Ihr Würmchen, hört auf, mein/e (Name des Kindes einfügen) muss lachen,
hört auf mit den dummen Würmchensachen.
Die Würmchen, die Würmchen,
die kriechen jetzt fort,
suchen sich einen anderen Ort.

Mit zwei Fingern über den Arm oder das Bein des Kindes kriechen. Das Kind kitzeln, dann mit den Fingern wegkriechen.

Ein Würmchen

Ein Würmchen kriecht munter
dein Beinchen hinunter.
Kringelt sich ein, kringelt sich ein,
und dann? Schläft es müde, müde ein.

Mit einem Finger am Bein entlangkriechen, an den Füßen kitzeln, dann die Hand wegziehen.

Herzchen

Herzchen fliegen durch die Luft,
da, schon wieder eins verpufft.
Schau nur nach oben,
dann siehst du es gleich,
nicht jeder kann's sehen
und nie sind zwei gleich.
Sie schweben und wischen,
sie flattern und zischen.
Sie surren und fliegen,
sie sind kaum zu kriegen.
Schwupps, da hab ich eins:
Ich schenk es dir!

Mit der freien Hand das Fliegen der Herzchen darstellen: zuerst mit den Fingerspitzen durch die Luft fahren, das Verpuffen darstellen, dazu ein passendes Geräusch machen. Mit der Hand in die Luft greifen und das Erwischen darstellen. Die Hand öffnen, daraufpusten und das „Herz" dem Kind wie einen gepusteten Kuss schenken.

Kitzel-, Kose- und Handstreichelspiele für Krippenkinder

Diese kleinen Reime bieten als Überraschung eine kleine Kitzelei oder Ähnliches am Ende. Sie eignen sich, um Nähe zu einem Kind aufzubauen, aber Sie können sie auch zum Beruhigen, Trösten, Aufheitern und Ablenken einsetzen.

Guten Tag, Herr Nasenmann

Guten Tag, Herr Nasenmann,
sieh dir meine Faust mal an:
Da wachsen fünf Blätter raus!
Sieht das nicht wie 'ne Blume aus?
Nein, ich glaub', die Dinger
sind ja meine Finger,
mit denen ich dich kitzeln kann,
du lieber kleiner Nasenmann!

Die Faust hochhalten und dem Kind zeigen. Die Finger lösen und nach oben strecken. Mit den Fingern wackeln und schließlich das Kind unter dem Kinn oder der Nase kitzeln.

Der Elefant

Ist ein Elefant übers Bein gerannt,
kneift dich schnell ins Knie,
dieses freche Vieh.
Gibt dir noch zum Schluss
auf den Bauch 'nen Kuss.

Mit der Hand als Elefant über das Bein des Kindes krabbeln, sanft ins Knie kneifen. Einen Kuss in die Luft werfen.

Eine Schnecke

Eine Schnecke, eine Schnecke
krabbelt rauf, krabbelt rauf,
krabbelt wieder runter, krabbelt wieder runter ...
... und kitzelt dich am Bauch!

Mit den Fingern entsprechend dem Text am Bein hinauf- und hinunterkrabbeln und schließlich kurz am Bauch kitzeln.

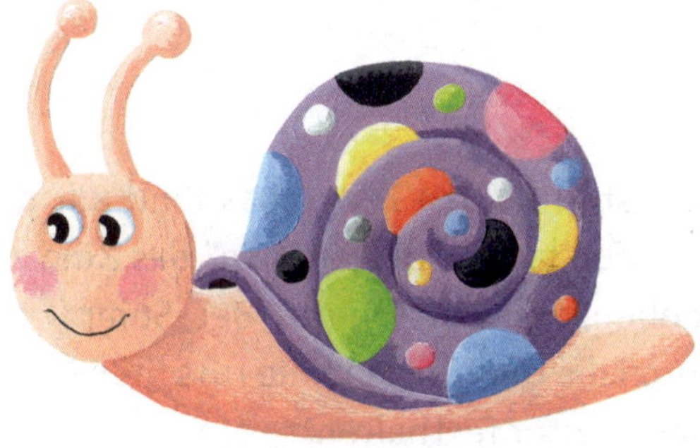

Kleiner Käfer

Kleiner Käfer, kleiner Käfer,
flieg herbei, flieg herbei,
zeig mir deine Punkte, zeig mir deine Punkte:
eins – zwei – drei, eins – zwei – drei!

Mit der Hand angeflogen kommen. Beim Zählen dreimal sanft auf den Bauch piksen.

Kleines, kleines Entchen

Kleines, kleine Entchen,
reich mir doch dein Händchen.
Reich mir doch dein Beinchen,
diddel, diddel, deinchen.

Bei den ersten zwei Zeilen über die Hand des Kindes streicheln. In der dritten Zeile über das Bein streicheln, zum Schluss kurz das Bein kitzeln.

Windchen

Ein kleines Windchen
weht über mein Kindchen.
Weht über das Meer,
weht über den Wald,
weht über die Hand,
weht über Mensch und Tier,
das schenk ich dir.

Mit beiden Händen über die Schultern des Kindes und die Oberarme nach unten streichen. In die flache Hand des Kindes pusten, Hand schließen.

Kniereiterspiele für Kinder unter 3 Jahren

„Hoppe, hoppe, Reiter!" ist eines der bekanntesten Kniereiterspiele im deutschsprachigen Raum. Hier finden Sie noch einige weitere, die für dieses Heft teilweise etwas modernisiert wurden. Wichtig ist, dass Sie das Kind während des gesamten Reimes gut festhalten und auch beim Überraschungsplumps nicht loslassen! Kniereiterspiele sollten Sie nicht mit ganz jungen Kindern und Säuglingen durchführen!

Es geht ein Männlein über die Brück'

Es geht ein Männlein über die Brück',
hat ein Säcklein auf dem Rück'!
Stößt wider den Pfosten,
der Pfosten kracht,
das Männlein lacht,
plumps – da liegt's im Bach.

Das Kind sanft auf den Knien wiegen. Bei „plumps" das Kind durch die geöffneten Knie rutschen lassen, dabei weiter gut festhalten und dem Kind aufhelfen.

Hoppe, hoppe, Reiter

Hoppe, hoppe, Reiter,
wenn er fällt, dann schreit er.
Fällt er in den Graben,
fressen ihn die Raben.
Fällt er in den Sumpf,
macht der Reiter ... plumps!

Zu den ersten beiden Zeilen das Kind auf den Knien hüpfen lassen. Bei „Graben" das Kind zur Seite ziehen, dabei festhalten! Bei „Sumpf" das Kind durch die geöffneten Knie rutschen lassen und dabei weiter festhalten!

Ri-ra-rutsch

Ri-ra-rutsch, wir fahren mit der Kutsch',
wir fahren mit der Schneckenpost,
wo es keinen Pfennig kost'.
Wir fahren über ein Brückchen,
ri-ra-rutsch, das Brückchen ist futsch!

Zu den ersten vier Zeilen das Kind auf dem Schoß sanft hin und her wiegen. Bei „ri-ra-rutsch" das Kind über die dann ausgestreckten Beine nach unten rutschen lassen (wie auf einer Rutschbahn), dabei weiter festhalten.

Die Straße hat Hubbel

Schrubbel di Bubbel,
die Straße hat Hubbel,
schrubbel die Beck,
die Straße ist weg!

Zu den ersten beiden Zeilen das Kind sanft hüpfen lassen, indem die Knie bewegt werden. Bei „Beck" ganz aufhören, dann das Kind vorsichtig zwischen die geöffneten Knie rutschen lassen.

Mein kleines Schiffchen

Mein kleines Schiffchen schippert leise
auf der Seefahrt, auf der Reise.
Kleines Schiffchen, gib gut Acht,
weil das Meer jetzt Wellen macht.
Auf und ab tanzt mein Schiffchen im Meer,
hoch und runter, das mögen wir sehr.
Doch über Nacht
hat es „Rums!" gemacht,
das Schiffchen kippt um,
das ist aber dumm.

Zu den ersten beiden Zeilen das Kind sanft auf den Knien schaukeln. Dann stärker schaukeln und hüpfen lassen. Bei „Rums!" das Kind vorsichtig von den Knien gleiten lassen, dabei festhalten und wieder nach oben ziehen.

In den Brunnen gefallen

Ist ein Mann in den Brunnen gefallen.
Hab ihn hören plumpsen.
Hätt' ich ihn nicht rausgeholt,
so wär' er glatt ertrunken.

Das Kind beim Plumpsen durch die Beine fallen lassen und dann wieder hochnehmen.

Mühle, lauf!

Mühle, Mühle, lauf, lauf, lauf
und oben sitzt der Müller drauf.
Da macht der Müller „Bumm bumm bumm!",
da fällt die ganze Mühle um.
Da kommt der Trecker mit Geschnauf'
und zieht die Mühle wieder rauf.

Das Kind nach „Bumm bumm bumm!" zwischen die Knie rutschen lassen. In der letzten Zeile das Kind wieder hochziehen.

Fingerspiele mit Überraschungen und Belohnungen

Am Ende dieser Reime und Fingerspiele wartet eine kleine Überraschung in Form eines Snacks auf die Kinder.

Schnapp, die kleine Maus

Schnapp, die kleine Maus,
sitzt vor dem Mäusehaus.

Guckt hinein: „Was ist denn das?"
Schnuppert mit der Mäusenas'.

Oh weh, oh weh, die Nas' steckt fest,
weil sie sich nicht bewegen lässt.

Die Maus muss niesen, eins, zwei, drei
und die Nase, die ist ... frei.

Die eine Hand gewölbt auf den Tisch legen. Darunter kann sich ein Bonbon oder ein Stückchen Obst befinden. Die andere Hand sitzt als Maus zur Faust geformt vor der anderen. Einen Zeigefinger ausstrecken und in die andere Hand auf dem Tisch stecken, sodass der Finger zwischen Daumen und Zeigfinger festgehalten werden kann. Nach „drei" kräftig niesen, dann die Hand hochnehmen und das Kind gucken lassen, was sich darunter befindet.

Eichhörnchenversteck

Schau nur, das Eichhörnchen hat was versteckt,
ob es wohl unter dem Bäumchen dort steckt?
Heb an eine Wurzel und guck einmal nach,
die nächste, die dritte, die vierte danach.
Und die kleinste Wurzel?
Die futtert es schnell auf!

Unter der gewölbten Hand einen Keks oder ein Stückchen Reiscracker verstecken. Das Kind darf die Finger hochbiegen, bis es den „Schatz" findet. Anschließendes Verspeisen ist natürlich erlaubt.

Aufdeckspiel „Mein Früchtchen"

Ene, mene, Früchtekorb,
mein Früchtchen, mein Früchtchen,
mein Früchtchen ist fort.
Kannst du es finden?

Für dieses Aufdeckspiel benötigen Sie drei Becher, ein sauberes Tablett und ein Stückchen Obst, z. B. eine kernlose Traube, eine Erdbeere oder ein Stück Apfel. Das Obststück kommt unter einen der Becher. Alle Becher stehen umgestülpt auf dem Tablett. Die Becher etwas durcheinander bewegen. Kann das Kind den Becher mit der Frucht finden?

Alle kleinen Schlingelfinger

Alle kleinen Schlingelfinger
haben Hunger, immer und immer.
Auf mein Zeichen, eins, zwei, drei,
schleichen sie gewiss herbei.
Schnappt euch etwas vom Tablett,
vorsichtig, sehr zart und nett!

Ein Reim, um einen Snack anzubieten, z. B. einen Obstteller, von dem sich jeder Schlingelfinger etwas nehmen darf.

Pustewind

Pustewindchen, Pustewind,
hilf mir kleinem Igelkind.

Die Äpfel hängen hoch im Baum,
ich komm nicht dran, ich seh' sie kaum.

Der Wind fährt durch die Zweig' und Äste,
pustet kräftig, pustet feste.

Blätter rieseln zart von oben.
Und der Apfel? Hängt noch oben!

Der Wind fährt durch die Zweig' und Äste,
pustet kräftig, pustet feste.

Zweige rieseln zart von oben.
Und der Apfel? Hängt noch oben!

Jetzt strengt der Wind sich mächtig an,
pustet an den Apfel dran.

Huh, der Baum schwingt hin und her,
der Apfel wird ihm bald zu schwer.

Schwupps, da fällt der Apfel ab,
und der Igel? Der macht: Schnapp!

Zu Beginn einen Arm auf dem Tisch aufstellen, die Hand zur Faust formen. In der Faust eine Belohnung (kleines Spielzeug, Bonbon) verborgen halten. Die andere Hand kommt als Igel dazugelaufen. Beim „Baum" zuerst den Daumen, dann den Zeigefinger, dann den Ringfinger hochstrecken. Jetzt kann das Kind schon erkennen, was sich in der Hand befindet. Daraufpusten, die übrigen Finger öffnen und die Belohnung auf den Tisch fallen lassen.

Alphabetisches Verzeichnis der einzelnen Spiele

6. Auflage 2022

Texte: Suse Klein
Illustrationen Umschlag und Innenteil: Maryse Forget, Lahr
Umschlaggestaltung, Layout und Satz:
In null, nichts Mediengestaltung, Thamar Wendler

Bilderverzeichnis: S. 5 © K.C. – Fotolia.com, S. 10 © K.C. – Fotolia.com, S. 19 © Tamiris6 – thinkstock.de, S. 20 © K.C. – Fotolia.com, S. 28 © ARNICAart – thinkstock.de, S. 29 © Mycolor – thinkstock.de,S. 30 © K.C. – Fotolia.com, S. 40 © K.C. – Fotolia.com, S. 44 © tom – Fotolia.com, S. 48 © honeyflavour – Fotolia.com, S. 50 © Eskemar – thinkstock.de, S. 53 © sarininka – Fotolia.com, S. 53 © sivonai – Fotolia.com, S. 54 © K.C. – Fotolia.com, S. 56 © izumikobayashi – Fotolia.com, S. 56 © izumikobayashi – Fotolia.com, S. 57 © izumikobayashi – Fotolia.com, S. 57 © izumikobayashi – Fotolia.com, S. 57 © K.C. – Fotolia.com, S. 59 © andreapetrlik – Fotolia.com, S. 59 © izumikobayashi – Fotolia.com, S. 60 © andreapetrlik – Fotolia.com, S. 61 © andreapetrlik – Fotolia.com, S. 61 © andreapetrlik – Fotolia.com, S. 61 © KaterinaKr – thinkstock.de, S. 63 © Alexei Sysoev – Fotolia.com, S. 65 © Dorling Kindersley – thinkstock.de

Druck und Bindung: Grafisches Centrum Cuno, Calbe
ISBN 978-3-7806-5109-9